Jo-Jo

Sprachbuch 3

Erarbeitet von

Frido Brunold, Susanne Mansour,
Sandra Meeh, Henriette Naumann-Harms,
Monika Praast, Rita Stanzel, Martin Wörner

Fachliche Beratung zur Silbenstrategie,
zum Verlängern, zum Ableiten und zu Merkwörtern

Günter J. Renk

Inhalt

Sprache untersuchen

Texte verfassen

Miteinander

① In der Pause ist was los. Sprecht darüber.
Achtet auf die Gesichter und die Körperhaltung der Kinder.

② Überlegt, was die Kinder sagen könnten.
Spielt die Szenen nach.

> Das macht Spaß!

> Jippie, ich kann es!

> Komm, ich helfe dir!

> Hast du das gesehen?

> Das tut bestimmt weh!

③ Male eine Schulhofszene.
Schreibe in Sprechblasen, was die Kinder sagen.
Oder: Schreibe, was du in der Pause am liebsten machst.

Spiel- und Konfliktsituationen beschreiben und im szenischen Spiel erproben; Körpersprache deuten; Sprechbeiträge situationsangemessen planen

Geschichtenanfänge

1 Lies zuerst den Hauptteil der Geschichte.

Wenn es zur Pause klingelt, rennen alle Kinder auf den Schulhof. Viele laufen sofort zur Tischtennisplatte.

Luca freut sich immer auf die Hofpause. Manchmal ist er Schiedsrichter beim Tischtennis. Häufig fährt er auch mit seinem Rollstuhl zum Basketballkorb und trainiert mit Murad und Sara.

Gestern, als sie gerade Zielwerfen übten, kam Emily angerannt. „Luca, komm schnell, dein Hund Benny ist auf dem Schulhof!", rief sie. „Das glaube ich nicht!", antwortete Luca.

Sara schob Luca hinter Emily über den Hof. Beim Tor hatten sich schon viele Kinder versammelt. Mittendrin stand Herr Kuhne, hielt einen Hund am Halsband fest und redete beruhigend auf ihn ein. Doch da hatte Benny Luca schon erkannt. Er sprang auf ihn zu und legte ihm die Pfoten auf die Schultern.
Ein paar Kinder schrien ängstlich, aber Luca lachte.
„Er freut sich", sagte Emily. „Schade, dass er nicht mit in die Klasse kommen kann."

2 Lies die Geschichtenanfänge und wähle den passenden aus.
Schreibe ihn auf. Schreibe danach den ersten Absatz des Hauptteils ab.

3 Wähle einen Geschichtenanfang. Schreibe die Schulhofgeschichte weiter.

In der Pause spielen Emma und Max oft Tischtennis.

 Einmal lagen Paul und Felix auf dem Schulhof auf dem Boden.

Nach dem Klingeln stürmen Ebru und Sara immer sofort zum Klettergerüst.

4 Schreibe eine Schulhofgeschichte, die du erlebt hast.

Nomen, Artikel, Einzahl, Mehrzahl

(1) Schreibe den Text ab.
Ersetze die Bilder durch Nomen.

In der Pause wollen Lina und Hakan die  putzen.

Sie können aber den nicht finden.

Plötzlich fliegt ein  durch die Luft.

Lina wird am getroffen. Wer war das?

Noah verfolgt Marie, weil sie ihn geärgert hat.

Dabei stößt er an und .

Jetzt fällt auch noch der um.

(2) Schreibe die eingesetzten Nomen in der Einzahl
und in der Mehrzahl in eine Tabelle. Benutze Artikel:

Einzahl	Mehrzahl
die Tafel	die Tafeln
…	…

> **Nomen** bezeichnen Menschen, Tiere, Pflanzen und Dinge.
> Nomen haben die **Artikel** der, die, das, ein, eine.
> Nomen können in der **Einzahl** und in der **Mehrzahl** stehen:
> *der Tisch – die Tische, die Tafel – die Tafeln, das Heft – die Hefte.*

(3) Passt der, die oder das? In jeder Reihe ist ein Kuckucksei.
Schreibe nur die Nomen mit dem gleichen Artikel ab:
der Papierkorb, …

Papierkorb   Schwamm   Stuhl   Lineal

Brotdose   Bild   Schultasche   Trinkflasche

Tafel   Heft   Spiel   Klassenzimmer

(4) Schreibe die vollständigen Nomen in der Einzahl und Mehrzahl auf.
Achte auf die Umlaute: der Raum – die Räume, …

der R m   die B nk   der K pf   der Z g

das H s   der St ck   das T ch   das L nd

Kennzeichen von Nomen wiederholen:
Großschreibung, Artikel, Einzahl, Mehrzahl;
Umlaut bei ausgewählten Mehrzahlformen

Satzarten

1 Lest das Streitgespräch mit verteilten Rollen.
Achtet auf die Betonung der Sätze.

Woher hast du meinen Ball

Der gehört dir nicht
Ich habe ihn aus der Pausenkiste

Gib mir sofort den Ball
Er gehört mir

Nein, du Blödmann
Dieser Ball gehört uns allen

Luis   Sophie

> Nach **Aussagesätzen** steht ein **Punkt**: *Die Kinder spielen Ball.*
> Nach **Fragesätzen** steht ein **Fragezeichen**: *Spielst du mit?*
> Nach **Aufforderungssätzen** steht ein **Ausrufezeichen**: *Gib her!*

2 Schreibe das Gespräch auf. Setze die Satzschlusszeichen:
Woher hast du …

3 Lies den Text laut und deutlich.
Mache nach jedem Satz eine Pause.

luis und sophie spielen gern zusammen aber heute in der pause
streiten sie sich um den ball sophie ist richtig sauer am liebsten
würde sie luis eine ohrfeige verpassen sie brüllt ihn an luis zittert
vor lauter wut da holt kai schnell die streitschlichter die beiden
sollen sich wieder vertragen

4 Schreibe den Text auf. Mache nach jedem Satz einen Punkt.
Nomen und Satzanfänge werden großgeschrieben: Luis und Sophie …

5 Wandle Sätze aus dem Text in Fragen um.

kommunikative Absicht erkennen und Äußerungen entsprechend
betonen; Satzarten/Satzschlusszeichen wiederholen; Satzgrenzen
erkennen; Großschreibung am Satzanfang anwenden

7

Ordnen und nachschlagen

(1) Die Kinder bereiten eine Klassenfahrt vor. Lies ihre Listen.

A B C D E F G H I J K L M

Das nehmen wir mit:

Rucksack   Schlafanzug
Regenjacke Taschenlampe
Badesachen Ball
Trinkflasche Spiele

N O P Q R S T U V W X Y Z

Das wollen wir machen:

spielen   schwimmen
klettern   singen
basteln   grillen
bauen   wandern

(2) Ordne die Wörter auf jeder Tafelseite nach dem ABC.
Worauf musst du achten?
Badesachen, …

Regenjacke kommt vor Rucksack.

(3) Ordne die Wörter aus jedem Kasten nach dem ABC.
Male die Buchstaben an, auf die du achten musst.
abfahren, …

abwischen	ausmalen	überholen
abgeben	ausdenken	übersehen
abholen	ausschlafen	überlegen
abfahren	austrinken	überzeugen

(4) Ordne die Wörter aus jedem Kasten nach dem ABC:
Laub, laufen, …

laufen	Balkon	Reifen	pflücken
Laub	Ballett	reich	Pflaster
laut	bald	reiten	pflanzen
Laune	Ballon	Reim	Pflaume

(5) Schlage die Wörter aus Aufgabe 4 in der Wörterliste nach.
Unterstreiche die Wörter, die nicht in der Wörterliste stehen.

Hier üben wir

① Übe den Text: oder oder oder .

der Himmel
der Mond
die Vögel
der Stern
die Tasche
der Wald
die Angst
   blitzen
   beobachten
   schieben
   dunkel
   schwarz
   schon
   alle
   noch

Die Nachtwanderung

Es ist schon dunkel. Am Himmel blitzen
kleine Sterne. Die Kinder beobachten, wie sich
schwarze Wolken vor den Mond schieben.
Sie hören den Bach. Die Vögel schlafen schon.
„Sind eure Taschenlampen bereit?",
ruft Herr Frank. „Wir wollen in den Wald gehen!"

Alle jubeln, doch Max hat Angst. Er flüstert
seinem Freund zu: „Es ist so gruselig.
Ich war noch nie in der Nacht im Wald."

② Schreibe die Fragen ab und antworte in ganzen Sätzen.
Was tun die Kinder? Die Kinder …

Was tun die Kinder?	Wie sind die Wolken?
Was blitzt am Himmel?	Wie sind die Sterne?
Wer schläft schon?	Was hören die Kinder?
Wer hat Angst?	Was nehmen die Kinder mit?

③ Ordne die Verben nach dem Alphabet: beobachten, …

blitzen   beobachten   schieben   hören   haben
schlafen   rufen   wollen   gehen   jubeln   flüstern

④ Schreibe die Nomen in der Einzahl und der Mehrzahl auf.
der Wald – die Wälder, …

L Was hast du in diesem Kapitel gelernt?
Du kannst zum Beispiel die Namen in deiner Familie oder deiner Freunde
nach dem Alphabet ordnen.

Übungswörter einzeln und im Textzusammenhang üben;
Fragen beantworten; nach dem ABC ordnen; Nomen in der
Einzahl und Mehrzahl; Impuls Lerntagebucharbeit

Arbeitstechniken   S. 78–83   9

Herbstwind

1. Im Herbst kann das Wetter ganz unterschiedlich sein.
   Erzählt zu den Bildern.

2. Welches Herbstwetter magst du am liebsten?
   Berichte, was du an solchen Herbsttagen gerne tust.

3. Schreibe eine Geschichte zu einem Herbsttag.
   Oder: Male eine Bildergeschichte zu einem Herbsttag.

Mein Lieblingswetter im Herbst ist …

durch Bilder angeregt über Herbstwetter sprechen,
persönliche Wettervorlieben benennen;
zu einem Herbsttag malen und schreiben

Gedichte

① Lies das Gedicht. Achte beim Vorlesen auf eine gute Betonung.

Die Tage werden kürzer.

Es ist Herbst.

Eichhörnchen sammeln Vorräte.

Die Tage werden kürzer.

Zugvögel sammeln sich.

Sie fliegen in wärmere Länder.

Die Tage werden kürzer.

Es ist Herbst.

Bauplan für ein Rondell:

1
2
3
4
5
6
7
8

② Vergleiche das Gedicht mit dem Bauplan.
Gedichte mit diesem Aufbau heißen Rondell.

③ Vervollständige dieses Rondell.

1	Ein frischer Wind weht.
2	Es wird kälter.
3	
4	
5	
6	
7	
8	

Wir ziehen uns warm an.

Reife Kastanien fallen vom Baum.

Wir basteln Kastanienmännchen.

④ Schreibe selbst ein Rondell nach dem Bauplan.
Suche dir ein Thema aus, zum Beispiel:

Ein schöner Tag.   Der Regen prasselt gegen das Fenster.   So ein Spaß!
Oder: Denke dir ein eigenes Thema aus.

Überlege dir zuerst die zwei wiederkehrenden Sätze.

⑤ Lest euch eure Gedichte gegenseitig vor und gebt einander Rückmeldung.

Gedichtform Rondell kennen lernen; nach Anregung ein Rondell verfassen und als Schmuckblatt gestalten; ein Schreibziel suchen

Texte verfassen **S. 150**   **11**

Verben

① Schreibe den Text ab.
Unterstreiche die Verben:

David und Svea beobachten
das Wetter. Sie stellen einen
Messbecher als Regenmesser
in den Garten. Die Windstärke
erkennen sie an einem Windrad.
Die Temperatur messen sie mit
einem Thermometer.
Dann zeichnen sie eine Wettertabelle.

> Wörter, die sagen, was jemand tut oder was geschieht,
> nennt man **Verben**: *beobachten, messen, regnen.*

② Welche Verben passen zu welchem Wetter?
Regen: fallen, …
Wind: …

heulen	fallen	strömen	blasen	stürmen	schütten
wehen	sausen	pfeifen	tröpfeln	gießen	jagen

③ Finde die Verben, die in den Nomen stecken:
der Donner – donnern, …

der Donner   der Blitz   der Schnee   der Hagel   der Regen   der Sturm

④ Finde in den zusammengesetzten Nomen die Verben.
der Wetterbericht – berichten, …

der Wetterbericht   der Windmesser

der Sonnenschein   der Schneefall

das Schutzdach   die Temperaturmessung

> Was heißt denn
> „Hundewetter"?

Kennzeichen von Verben wiederholen; Verben nach
semantischen Kriterien ordnen; in zusammengesetzten Nomen versteckte Verben entdecken

Grundform und Personalform

(1) Schreibe den Text ab und setze die Verben richtig ein:
Jaron schaut …

Jaron _____ zum Himmel.

Dort oben _____ dicke Wolken.

Bald wird es _____ .

Ob er es noch rechtzeitig nach Hause _____ ?

Jaron _____ seine Mütze und _____ los.

Da _____ auch schon die ersten Tropfen.

Jaron ist pitschenass, als er nach Hause _____ .

schafft
fallen
schaut
regnen
ziehen
rennt
nimmt
kommt

> Verben haben eine **Grundform**: *ziehen*.
> Verben haben verschiedene **Personalformen**:
> *ich ziehe, du ziehst, er/sie/es zieht, wir ziehen, ihr zieht, sie (alle) ziehen.*

(2) Welche Personalform passt?
Schreibe sie auf: *ich komme …*

ich _____   du _____   er/sie/es _____

wir _____   ihr _____   sie (alle) _____

kommen	kommt
komme	kommen
kommst	kommt

(3) Schreibe diese Verben in allen Personalformen auf:
ich ziehe, du …

ziehen   fallen   schauen

> Manchmal verändert sich nicht nur die Endung: ich falle, du fällst

(4) Personalformen würfeln

- Schreibt die Grundformen auf Kärtchen.
- Zieht eine Wortkarte.
- Würfelt und schreibt die passende Personalform auf.

jagen   schieben

fallen   rennen   kommen

ziehen   tanzen   tragen

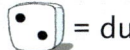 = ich   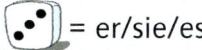 = du    = er/sie/es    = wir   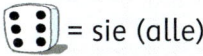 = ihr   = sie (alle)

Grundform und Personalformen kennen lernen;
Verben in allen Personalformen aufschreiben;
Personalformen würfeln

Sprache untersuchen   S. 106   13

Verlängern: b, d, g am Wortstammende

1 Lies den Text.

Heute ist ein schöner Tag im Herbst.
Der Wind treibt die Blätter über das Feld.
In roten, gelben und braunen Farben
hat der Herbst das Laub gefärbt.
Es glänzt bunt in der Sonne.
Julian geht den Weg entlang.
Er hebt Blatt für Blatt auf
und legt es in seinen Korb.
Daheim klebt er mit den Blättern ein Bild.
Besonders schön findet er Laubmännchen.

2 Schreibe alle blauen Nomen ab.
Finde die passende Verlängerung:
der Tag – alle Tage, …

die Felder

die Körbe

die Winde

> Schreibt man am Wortende
> b oder p, d oder t, g oder k?
> Verlängern mit alle hilft
> beim richtigen Schreiben:
> *der Tag – alle Tage,*
> *treibt – alle treiben.*

3 Schreibe alle roten Verben ab.
Finde die passende Verlängerung.
treibt – alle treiben, …

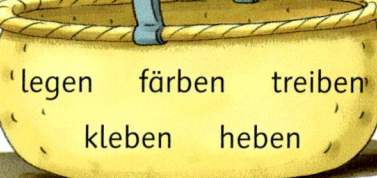

legen   färben   treiben

kleben   heben

trei t
p oder b?

4 Nutze die Verlängerung zum richtigen Schreiben.
Schreibe zuerst die Verlängerung: lieben – sie liebt, …

sie lie t   du blei st   es flie t

er ja t   es hän t   sie rei t

er le t   sie schwe t   er wie t

Rechtschreibhilfe Wortverlängerung kennen lernen;
auf Wörter aus dem Übungswortschatz anwenden

Hier üben wir

1 Übe den Text:  oder  oder  oder .

Auf dem Schulweg

Die Bäume färben sich bunt.

Heute bläst ein kalter Wind.

Er treibt die Blätter über den Hof.

Ein kleiner Zweig fliegt durch die Luft.

Mia macht sich auf den Weg zur Schule.

Sie trägt eine Mütze und eine warme Jacke.

An der Tür bleibt sie stehen.

Mia schiebt die Hände in die Taschen und läuft los.

Im Park hebt sie einige Blätter auf.
Damit möchte sie am Abend ein schönes Bild kleben.

der Wind
das Blatt
die Luft
der Weg
die Mütze
die Jacke
blasen
es bläst
tragen
sie trägt
schieben
heben
sie hebt
zur
einige

2 Finde die passende Verlängerung zu diesen Wörtern.
 Schreibe die Wortpaare.
 die Schulwege – der Schulweg, die Winde – der Wind, …

 der Schulweg   der Wind   der Zweig

 das Bild   die Hand   der Abend

> Die Grundform findest du mit der Personalform wir: wir tragen.

3 Schreibe zu diesen Verben die Grundform:
 treiben – treibt, …

 treibt   färbt   fliegt   trägt   bleibt   schiebt   hebt   klebt

4 Schreibe die Verben in allen Personalformen: ich kann, du …

 können   gehen   machen

ich
du
er/sie/es
wir
ihr
sie (alle)

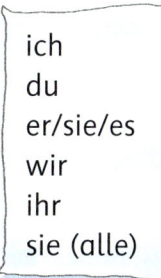

L Was hast du in diesem Kapitel gelernt?
 Du kannst zum Beispiel ein eigenes Rondell aufschreiben
 und das Blatt schön gestalten.

Übungswörter einzeln und im Textzusammenhang üben; Rechtschreibhilfe Wortverlängerung anwenden; Nomen: Einzahl und
Mehrzahl; Verben: Personalformen; Impuls Lerntagebucharbeit

Arbeitstechniken   S. 78–83   15

Es wächst und grünt

(1) Wie verändert sich das Feld im Jahreslauf?
Seht euch die Bilder an und beschreibt.

(2) Welche Feldpflanzen entdeckt ihr? Kennt ihr noch andere?

(3) Was wird aus Getreide hergestellt?
Schreibe auf, was du alles kennst.
Oder: Bringe Abbildungen für ein Plakat mit.

Welche Getreideprodukte isst du besonders gerne?

Beobachtungen wiedergeben; Sachverhalte beschreiben; Pflanzen entdecken und benennen; Plakat mit Getreideprodukten erstellen

Stichworte für Sachtexte

(1) Lest den Text. Fragt nach, wenn ihr Wörter nicht versteht.

Pflanzen, die Körner in Ähren tragen, heißen Getreide.
Wir essen die Körner oder verwenden sie als Tierfutter.
Bei uns in Europa werden vor allem Weizen, Roggen,
Hafer, Gerste und Mais angebaut.

Weizen ist unser wichtigstes Brotgetreide.
Aber auch anderes Gebäck und Nudeln
werden aus Weizenmehl hergestellt.
Die Hälfte des geernteten Weizens
wird an Tiere verfüttert.

Weizen:
Brotgetreide
Nudeln
...

Hafer ist ein Nahrungsmittel für Menschen
und Tiere. Besonders Pferde mögen
die Haferkörner. Für den Menschen werden
die Körner zu Haferflocken gepresst.
Wir essen sie gerne im Müsli oder
im Haferflockenbrei.

Hafer:
...
...

Mais wurde im 15. Jahrhundert von Kolumbus
aus Südamerika nach Europa gebracht.
Mit dem Mais, der in Deutschland angebaut wird,
füttern die Bauern im Winter ihre Tiere.
Der Gemüsemais, den wir Menschen essen,
stammt aus Frankreich oder Amerika.

Reis ist die älteste Getreidesorte. Er wächst
in wärmeren Ländern. Für viele Menschen ist Reis
ein wichtiges Nahrungsmittel, zum Beispiel
in Indien oder China. Man isst dort manchmal
drei Reismahlzeiten am Tag.

(2) Wähle eine Getreidesorte aus. Notiere wichtige Stichworte.
Erzähle einem anderen Kind mit Hilfe deiner Stichworte.

Texte lesen, Verständnisprobleme klären;
Stichworte notieren; mit Hilfe von Stichworten
zu einem Bild informieren

Texte verfassen S. 130 17

Adjektive

(1) Lest den Text. Klappt danach das Buch zu und erzählt, wie Getreide angebaut wird.

Im Herbst wird der leere Acker vom Bauern gepflügt.
Früher zogen starke Ochsen oder Pferde den Pflug.
Heute macht das ein großer Traktor.
Die Egge zerkleinert die harten Erdschollen.
Dann sät die neue Sämaschine das Korn.
Langsam wachsen die jungen Triebe.
Kleine Wurzeln graben sich in den Ackerboden.
Im nächsten Frühling geht die neue Saat auf.

(2) Schreibe die farbigen Wörter ab. Unterstreiche die Adjektive:
der leere Acker, …

> **Adjektive** beschreiben, wie etwas oder jemand ist.
> Wenn Adjektive vor Nomen stehen, verändern sie sich:
> *Der Acker ist leer. – der leere Acker*

(3) Schreibe den Text mit den passenden Adjektiven:
Im Spätsommer steht das goldgelbe …

Im Spätsommer steht das ▮ Korn auf dem Acker.
Der Bauer fährt mit einer ▮ Maschine auf das Feld.
Er mäht das ▮ Korn und drischt es.
Die ▮ Körner kommen in die Mühle.
Dort werden sie zu ▮ Mehl gemahlen.

goldgelbe
reife
großen
losen
feinem

(4) Erkläre die zusammengesetzten Adjektive:
bildschön – schön wie ein Bild, goldgelb – gelb wie …

| bildschön | goldgelb | himmelblau | rabenschwarz |
| kugelrund | feuerrot | bienenfleißig | steinhart |

Kennzeichen von Adjektiven wiederholen; Adjektive in Texten verwenden; zusammengesetzte Adjektive erklären

Adjektive mit -ig und -lich

(1) Was kauft ihr beim Bäcker ein?
Sammelt Brotsorten und Brötchensorten an der Tafel.

(2) Finde zu jedem Nomen das passende Adjektiv im Text.
Schreibe so: das Salz – salzig, …

das Salz   die Kraft   die Pracht   der Appetit   der Herr   die Lust

Marie soll für das Frühstück beim Bäcker einkaufen.
Ganz oben im Regal liegen Baguettes appetitlich neben
dunklen, kräftigen Roggenbroten. Weiter unten sieht sie
prächtige Zopfbrote und lustige Rosinenmännchen
mit Augen. Auch das salzige Laugengebäck sieht
lecker aus. Und überhaupt fällt es Marie schwer,
sich bei diesem herrlichen Duft zu entscheiden.

(3) Schreibe den Text ab. Unterstreiche alle Adjektive
mit -**ig** und -**lich**: Marie soll …

> Wörter mit dem Wortbaustein -ig und -lich sind Adjektive:
> *vorsichtig, luftig, freundlich, ängstlich.*

(4) Bilde Adjektive mit den Wortbausteinen -**ig** und -**lich**: eckig, …
Kontrolliere mit der Wörterliste.

Ecke   Tag   Freund   Angst   Vorsicht   Lust

(5) In Deutschland werden unterschiedliche Dialekte gesprochen.
In Bayern heißen Brötchen anders als in Berlin. Wie sagt man bei euch?
Finde heraus, welcher Name für Brötchen wo verwendet wird.

Schrippe   Weckle   Semmel   Rundstück   Laabla

Hamburg   Bayern
Berlin   Franken
Baden-Württemberg

Brot und Gebäck als Grundnahrungsmittel thematisieren;
Adjektive mit den Wortbausteinen -ig und -lich kennen
lernen und selber bilden

19

Verlängern: Adjektive

1 Schreibe die Sätze ab. Unterstreiche die Adjektive:

Für das <u>leckere</u> Klassenfrühstück ...

Für das leckere Klassenfrühstück haben
die Kinder der 3b gute Dinge mitgebracht:
lustige Tomatenpilze, saftige Melonenstücke,
witzige Wurstbrote und würzige Käsespieße.
Die Lehrerin bringt in einer großen Kanne
den heißen Tee herein. Alles wird auf dem
langen Tisch angerichtet.

2 Finde zu jedem Adjektiv ein passendes Nomen.
Verlängere die Adjektive: die eckige Toastscheibe, ...

ecki

knuspri   die Toastscheibe

        das Brötchen   das Weißbrot
har

ferti

run   die Zuckerschnecken

        die Laugenbrezeln
würzi

gesun   das Brot

        die Torte   der Karottenkuchen
brei

3 Die Tafeln sind verwischt.
Male sie in dein Heft und beschrifte sie richtig.

Brötchen
gu und knuspri
6 Stück kaufen
5 bezahlen

Laugenbrezeln
salzi
und
billi !

Dinkelbrot
gesun
und
lecker

Rechtschreibhilfe Wortverlängerung kennen lernen;
auf Wörter aus dem Übungswortschatz anwenden

Hier üben wir

1 Übe den Text: 👧 oder 🗑 oder 👨‍👧 oder 🏃 .

Beim Bäcker

Beim Bäcker gibt es viele leckere Brotsorten.
Er bäckt sie aus Mehl, Wasser, Salz und Hefe.
Dabei misst er die Mengen genau ab.
Mit der großen Maschine knetet er den salzigen Teig.
Er formt längliche Brote und runde Brötchen.
Auf einem eckigen Backblech schiebt er sie
in den Backofen.

🪀 Zuerst sind die Brötchen fertig. Etwas später
holt der Bäcker die leckeren, braunen Brote heraus.
Manchmal sind sie noch warm, wenn er sie verkauft.

das Mehl
das Salz
die Menge
die Maschine
der Teig
geben
es gibt
backen
er bäckt
messen
er misst
sie sind
salzig
rund
eckig
später
lecker

2 Schreibe alle Nomen aus dem Text in der Einzahl auf:
der Bäcker, die Brotsorte, …

3 Finde zu jedem Adjektiv ein passendes Nomen.
↪ Verlängere das Adjektiv und schreibe so: das würzige Brot – würzig, …

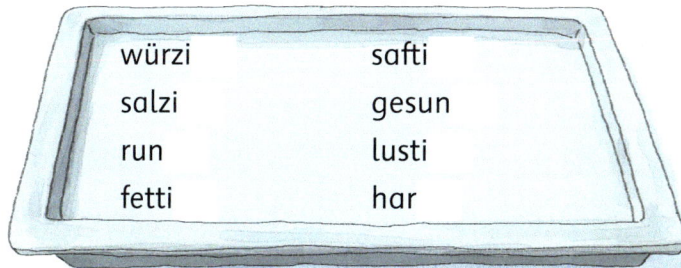

würzi   safti
salzi   gesun
run   lusti
fetti   har

4 Schreibe nur die Wörter aus den Wortfamilien **backen** und **Brot** auf.
In jeder Reihe ist ein Kuckucksei:
backen: …   Brot: …

Backblech   Bagger   Backofen   bäckt   Bäckerei

Brot   Brombeere   Brötchen   Brotscheibe   Brotsorte

L Was hast du in diesem Kapitel gelernt? Du kannst zum Beispiel
ganz viele Adjektive mit **-ig** und **-lich** sammeln.

Übungswörter einzeln und im Textzusammenhang üben; Nomen:
Einzahl und Mehrzahl; Rechtschreibhilfe Wortverlängerung bei
Adjektiven anwenden; Wortfamilien; Impuls Lerntagebucharbeit

Arbeitstechniken S. 78–83 21

Winterkälte

① In vielen Ländern gibt es in der Weihnachtszeit besondere Bräuche. Schreibe zu jedem Land den passenden Brauch ab.

In der Nacht zum 25. Dezember steigt „Father Christmas" durch den Schornstein in die Häuser und füllt die Socken am Kamin mit Süßigkeiten und Geschenken.

Mädchen tragen weiße Gewänder und Kränze mit brennenden Kerzen. Sie sollen die dunkle Jahreszeit erhellen.

Im Dezember kann man im ganzen Land die prächtigen Weihnachtskrippen bewundern, die *Nacimiento* genannt werden. Mit vielen Figuren wird die Geburt Christi dargestellt.

Mir gefällt …, weil …

② Welcher Weihnachtsbrauch gefällt dir? Begründe, warum.

③ Sammelt weitere Weihnachtsbräuche aus anderen Ländern und stellt sie in der Klasse vor.
Oder: Berichte, was deine Familie an den Weihnachtstagen macht.

über Weihnachtsbräuche in verschiedenen Ländern sprechen; persönliche Vorlieben erklären und begründen

Zusammenfassungen

(1) Lest den Text.

 Die Weihnachtszeit in Spanien

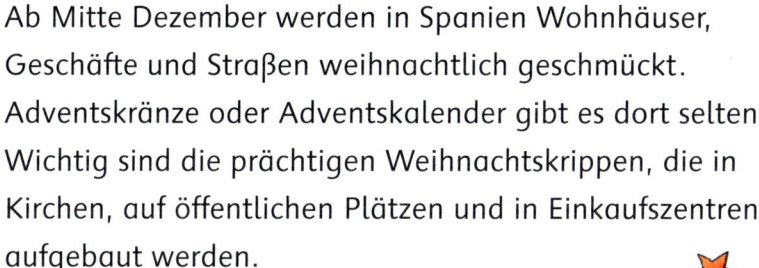

Ab Mitte Dezember werden in Spanien Wohnhäuser, Geschäfte und Straßen weihnachtlich geschmückt. Adventskränze oder Adventskalender gibt es dort selten. Wichtig sind die prächtigen Weihnachtskrippen, die in Kirchen, auf öffentlichen Plätzen und in Einkaufszentren aufgebaut werden.

Auch viele spanische Familien stellen zu Hause eine Weihnachtskrippe auf, die oft schon sehr alt ist und von Generation zu Generation weitervererbt wird. Sie besteht aus vielen einzelnen Figuren. Die Figur des Christkindes wird aber erst am Heiligen Abend hineingelegt. Die Heiligen Drei Könige, die dem Kind in der Krippe Geschenke bringen, sind von Anfang an dabei. Sie werden jeden Tag ein bisschen näher zur Krippe gerückt. Erst am 6. Januar stehen sie direkt davor. Deshalb findet an diesem Tag auch die Bescherung für die spanischen Kinder statt.

Am 24. Dezember, der *Noche Buena*, gibt es ein festliches Familienessen. Dabei wird oft ein *Turrón* gereicht, ein Nachtisch aus gerösteten Mandeln, Honig und Eiern. Um Mitternacht folgt die Mitternachtsmesse. Der 25. Dezember ist ein Feiertag.

Spanien
Mitte Dezember
weihnachtlich
geschmückt
wichtig:
prächtige Krippen

Familien
zu Hause
Weihnachtskrippe
viele Figuren
Heilige Drei Könige
am 6. Januar
Bescherung

am 24. Dezember
Familienessen
Mitternachtsmesse
Feiertag am
25. Dezember

(2) Schreibe mit den Stichworten eine Zusammenfassung des Textes. Schreibe eigene Sätze.
In Spanien …

(3) Unterstreiche in deiner Zusammenfassung die Stichworte.

Wörtliche Rede

(1) Lest die Sätze laut vor.
Achtet auf die Betonung.

(2) Schreibt die Szene auf. Setzt die wörtliche Rede in Redezeichen.
Mario: „Wo ist meine Mütze?"
Caroline: „Die ..."
Tessa: „ ..."

> Was gesprochen wird, heißt **wörtliche Rede**.
> Sie steht in **Redezeichen**: *„Hat jemand meine Noten gesehen?"*

(3) Schreibe die Fragen und die passenden Antworten mit den Redezeichen auf.

Wie lange dauert es noch?	Sie sind im Schrank.
Wo sind die Notenständer?	Wir sind gleich dran.
Bist du auch so aufgeregt?	Keine Sorge! Das klappt schon.

Redebegleitsätze

1 Lest das Gespräch. Setzt in den Redebegleitsätzen
unterschiedliche Verben für **sagen** ein.

Tessa	:	Unsere Aufführung war wirklich toll.
Mario	:	Ja, wir haben richtig viel Applaus bekommen.
Tessa	:	Ich freu mich schon auf die Ferien.
Felix	:	Und ich mich auf die Geschenke!
Ben	:	Hast du dir wieder Modellbau-Technik gewünscht?
Felix	:	Ja, den großen Kran.
Mario	:	Ich bekomme eine Digitalkamera!
		Dann mache ich super Fotos von euch.

stimmt zu

meint

antwortet

sagt

ruft

kündigt an

fragt

> Der **Redebegleitsatz** gibt an, wer spricht:
> *Tessa sagt: „Unsere Aufführung war wirklich toll."*
> Redebegleitsatz   Wörtliche Rede

2 Schreibe das Gespräch mit passenden Verben auf.
Achte auf den Doppelpunkt und die Redezeichen:
Tessa sagt: „…"

3 Schreibe jeden Redebegleitsatz mit der passenden wörtlichen Rede:
Die Lehrerin fragt: „…"

Die Lehrerin fragt:	„Kann ich einen Film von zu Hause mitbringen?"
Leon will wissen:	„Möchtet ihr am letzten Schultag einen Film sehen?"
Felix und Luca finden:	„Oh ja. Ein Tierfilm wäre toll."
Merle meint:	„Bevor ihr geht, räumt bitte das Klassenzimmer auf."
Der Hausmeister sagt:	„Wir wollen lieber Spiele machen."

4 Sammle Wörter aus dem Wortfeld **sagen**.
Wie viele findest du?

flüstern,
schreien …

Redebegleitsätze kennen lernen; Redebegleitsätze wörtlicher Rede
sinnentsprechend zuordnen; Zeichensetzung bei wörtlicher Rede
korrekt anwenden; Wörter aus dem Wortfeld sagen sammeln

Sprache untersuchen S. 124   25

Merkwörter mit h Ⓜ

① Lest den Text. Ihr erfahrt,
woher der Weihnachtsbaum kommt.

Es ist ein sehr alter Brauch, an
Weihnachten einen Tannenbaum
in der Wohnung aufzustellen.
Dieser Brauch wird zum ersten Mal
in einer Urkunde von 1605 aus
Straßburg erwähnt. Damals wurden
die Bäume noch ohne Kerzen aufgestellt.
Aber schon früh hängte man Geschenke
daran. Erst ungefähr hundert Jahre später
begann man, die Bäume zur Weihnachtszeit
auch mit Kerzen zu schmücken.

Aus einer alten Chronik
Auf Weihenachten
richtett man zu Strass-
burg Dannenbäume
in der Stubben auf,
daran henckett man
Rossen aus vielfarbigem
Papier geschnitten,
Äpfel, flache kleine
Kuchen, Zucker.

② Schreibe die roten Wörter auf.
Male in jedem Wort das stumme h an: se**h**r, …

③ Ordne die Wörter nach Wortstämmen: wo**h**nen, …

wohnen · rühmen · die Jahreszeit · die Wohnung · jährlich · das Jahr · bewohnen · der Ruhm · berühmt

④ Schreibe den Text ab. Setze die passenden Wörter ein.

ihrer   ihm   ihre   ihr   ihren   ihrem

Die Kinder der Klasse 3d freuen sich auf   Weihnachtsferien.
Tessa wird zu   Tante fahren. Dort wird sie   Cousin Lasse
treffen und viel mit   unternehmen.
Viktorias Familie bekommt Besuch von   Opa aus Polen.
Dann gibt es auch wieder   Leibgericht: Mohnklöße.

⑤ Schreibe den Chroniktext in der heutigen Rechtschreibung auf.

Informationen aus verschiedenen Texten entnehmen:
aus Sachtext, aus historischem Text; Wörter mit Deh-
nungs-h üben; Wortfamilien zusammenstellen

Hier üben wir

1 Übe den Text:  oder oder oder 🏃 .

das Weihnachten
die Ferien
das Jahr
das Lied
die Uhr
der Schluss
die Lehrerin
treffen
erzählen
schmecken
wünschen
selbst
sehr
zum
fröhlich

Der letzte Schultag

Morgen beginnen die Weihnachtsferien.
Wie in jedem Jahr treffen sich die Kinder in der Aula.
Sie singen gemeinsam ihre Weihnachtslieder.
Simon aus der 3b erzählt die Weihnachtsgeschichte.
Um zehn Uhr ist Pause. Danach gibt es ein
gemeinsames Frühstück im Klassenzimmer.
Mario hat selbst gebackene Kekse mitgebracht.
Sie schmecken sehr lecker.

 Zum Schluss sagt die Lehrerin: „Ich wünsche euch
fröhliche Weihnachten und schöne Ferien."

2 Schreibe alle Merkwörter mit h aus dem Text auf.
Ⓜ Male das h an. Wei**h**nachtsferien, …

3 Welche Wörter sind hier verzaubert? Setze die Selbstlaute ein
und schreibe die Nomen mit ihrem Artikel auf: die Ferien, …

der F✶r✶✶n   die K✶nd✶r   die ✶✶l✶   die G✶sch✶cht✶

die P✶✶s✶   das Kl✶ss✶nz✶mm✶r   der Schl✶ss   das L✶✶d

4 Schreibe die Sätze ab. Setze passende Verben in die Redebegleitsätze ein.
Denke an die Redezeichen: Merle …: „…"

wünschen   rufen   sagen   fragen

Merle   :   Wir treffen uns gleich in der Aula!

Simon   :   Ich erzähle die Weihnachtsgeschichte.

Marie   :   Wann singen wir unsere Weihnachtslieder?

Die Lehrerin   :   Fröhliche Weihnachten und schöne Ferien.

Ⓛ Was hast du in diesem Kapitel gelernt? Du kannst zum Beispiel
Weihnachtslieder in verschiedenen Sprachen zusammentragen.

Übungswörter einzeln und im Textzusammenhang üben; Merkwörter mit h; Nomen: Selbstlaute, Artikel; wörtliche Rede: Zeichensetzung und Redebegleitsätze; Impuls Lerntagebucharbeit

Arbeitstechniken S. 78–83

27

Das bin ich

Fragen für die Jungen 🙂

Fragen für die Mädchen 🙂

Fragebogen	gerne	egal	nein
Würdest du dich neben ein Mädchen setzen?	2	3	9
Würdest du dich neben einen Jungen setzen?	2	6	4
Lädst du Mädchen zu deinem Geburtstag ein?	2	1	11
Lädst du Jungen zu deinem Geburtstag ein?	4	3	5
Hast du schon mal ein Mädchenbuch gelesen?	3	2	9
Hast du schon mal ein Jungenbuch gelesen?	5	2	5
Verabredest du dich am Nachmittag mit Mädchen?	4	6	4
Verabredest du dich am Nachmittag mit Jungen?	5	5	2

1 Seht euch den Fragebogen an. Beantwortet gemeinsam die Fragen:

> Wie viele Jungen würden sich neben ein Mädchen setzen?

> Wie viele Mädchen möchten nicht neben einem Jungen sitzen?

> Wie viele Mädchen laden einen Jungen zum Geburtstag ein?

> Wie viele Jungen verabreden sich am Nachmittag nie mit Mädchen?

2 Was wird in eurer Klasse über Jungen und Mädchen gedacht?
Sammelt Aussagen an der Tafel. Sprecht darüber.

> Ich finde, dass die Jungen ...

3 Macht eine Umfrage in eurer Klasse.
Vergleicht die Ergebnisse mit den Ergebnissen in der Tabelle oben.
Fällt euch was auf?
Oder: Überlegt euch eigene Fragen und befragt andere Klassen.

Anliegen und Konflikte mit anderen gemeinsam diskutieren: Klischees diskutieren und hinterfragen; einen Fragebogen lesen und verstehen; eine Umfrage planen, durchführen und vorstellen

Briefe

1 Rosi ist in eine neue Schule gekommen. Dort gefällt es ihr nicht.
Lest gemeinsam, was sie ihrem Großvater schreibt.

Lieber Großpapa,   18.10.2017
ich hasse meine neue Schule. Sie ist so groß und fremd
und ich kenne niemanden. Frau West, die Lehrerin,
ist in Ordnung, aber sie setzte mich neben einen JUNGEN,
der Roland Roberts heißt! Er soll sich um mich kümmern!
Roland Roberts sagte: „Mädchen sind doof."
Mädchen sind nicht doof und er soll sich nicht um mich
kümmern! Ich hasse Roland Roberts!
Liebe Grüße
deine Rosi

Lieber Großpapa,   15.12.2017
Samstag gingen Mutti und ich in den Park.
Roland Roberts war auch da, mit seinem Hund Bingo.
Ich sollte Roland auf meinen Schlitten lassen! Bingo jagte
uns durch den Schnee. Das hat Spaß gemacht!
Roland sagte: „Ich hätte auch gern einen Schlitten.
Wollen wir morgen einen Schneemann bauen?"
Bingo habe ich echt gern, aber Roland Roberts?
Liebe Grüße
deine Rosi

Martina Selway

2 Vergleicht die beiden Briefe.
Was hat sich für Rosi verändert.

3 Was könnte der Großvater Rosi antworten?
Sammelt Stichpunkte an der Tafel.

4 Stelle dir vor, du bist der Großvater.
Schreibe einen Brief an Rosi.
Liebe Rosi, …

Denke auch
an Datum, Grüße und
Unterschrift.

über das Thema Mädchen und Jungen sprechen;
Zustimmung und Ablehnung zeigen; Stichpunkte
für einen Brief notieren; einen Brief schreiben

Texte verfassen **S. 138**   **29**

Pronomen

1 Lest die Beschreibungen. Was fällt euch auf?

Beste Freunde

Maria ist meine Tischnachbarin.
Maria und ich haben keine Geheimnisse
voreinander. Maria kann gut rechnen
und in Mathe hilft Maria mir immer.
Maria ist ein Fan von Harry Potter.
Maria ist meine beste Freundin.

Beste Freunde

Mein bester Freund heißt Tim.
Tim ist neun Jahre alt. Tim kann
nacheinander zehn Schokoküsse
essen. Hunde mag Tim gar nicht.
Tim und ich spielen gerne Tischtennis.
Einmal in der Woche gehen
Tim und ich in die Tischtennis-AG.

2 Wähle einen Text und überarbeite ihn.
Ersetze die Namen an passenden Stellen durch
die Pronomen **sie** oder **er** oder **wir**: Beste ...

> Nomen kann man durch **Pronomen** ersetzen:
> *Maria – sie, Tim – er, Maria und ich – wir.*

3 Schreibe Rätsel über deine Freunde.
Lass andere Kinder raten.
Achtung: Verwende nur Pronomen.

Er ist klein,
aber stark.
In seiner Freizeit
schwimmt er
im Verein. Er ist
ein sehr guter
Schüler. In unserer
Klasse macht er
meistens den
Tafeldienst.

Pronomen als Ersatz für Nomen kennen lernen;
Umgang mit Pronomen in verschiedenen Texten
anwenden (Personenbeschreibung, Rätselröllchen)

Wortstamm und Endung

(1) Finde im Text alle Wörter mit dem Wortstamm **spiel**.
Schreibe sie auf und unterstreiche den Wortstamm:
Spielenachmittag, …

Heute ist ein Spielenachmittag geplant.
Jeder darf sich ein Spiel wünschen.
Mama sucht sich ein Würfelspiel aus der
Spielesammlung aus. Alle sind begeistert
und spielen mit. Papa findet in der Spielekiste
ein Brettspiel, das er als Kind schon gespielt hat.
Aber wo ist der Würfel dazu? Finn entdeckt ihn
in der Spielverpackung vom Halmaspiel.
So kann endlich die zweite Spielrunde beginnen.

> Der Wortbaustein, der bei verschiedenen Wörtern gleich oder ähnlich geschrieben wird, heißt Wortstamm: *spiel*en, das *Spiel*zeug.

(2) Finde die richtige Endung und schreibe die Verben:
ich trinke, …

ich trink	wir schreib	sie sing	er lach	e
ihr schreib	ihr trink	sie lach	wir sing	st
du schreib	du lach	es trink	du sing	t
				en

(3) Finde den passenden Wortstamm.
Schreibe die Sätze richtig ab: Ich hüpfe gerne …

Ich ___ e gerne mit dem Springseil.	trink
Lara ___ t gerne kalte Apfelsaftschorle.	geh
Papa und Mama ___ en gerne mit dem neuen Auto.	hüpf
Opa ___ t am Abend immer spazieren.	fahr
Wir ___ en tolle Sachen aus Legosteinen.	bau

(4) Bilde Wortfamilien mit den Wortstämmen aus Aufgabe 3:
trink: trinken, Trinkhalm, …

Wortstamm erkennen und unterstreichen; passende
Endungen für Verben auswählen; passende Wortstämme auswählen, Wortfamilien erstellen

Sprache untersuchen S. 108   31

Viele Mitlaute nebeneinander

(1) Mia ist blind. Sie hat aufgeschrieben,
was sie gerne macht. Lies den Text laut.
Sprich die Wörter mit den blauen Buchstaben deutlich.

Manchmal liege ich im grünen Gras.

Und ich lausche dem Gezwitscher der Vögel.

Und ich spüre, wie der Wind

meinen Körper streichelt.

Und ich fange an zu träumen.

Manchmal kuschle ich mich in meine Bettdecke.

Und ich lausche dem Klang der Musik.

Und ich stelle mir vor, wie ein Stück Schokolade

in meinem Mund zerschmilzt.

Und ich fange an zu träumen.

braille alphabet
a b c d e f g h i
j k l m n o p q r
s t u v w x y z

(2) Schreibe die Wörter mit den blauen Mitlauten ab.
Male die blau gedruckten Mitlaute an: manchmal, …

(3) Bilde zusammengesetzte Nomen. Male die Stellen
mit schwierigen Mitlauten am Wortanfang an:
das Schwimmbecken, …

| schwimmen | Streusel | Schlauch | Sprosse | springen | Schnecken |

| Wand | Becken | Kuchen | Brunnen | Haus | Boot |

(4) Welche Buchstaben fehlen? Schreibe die Wörter auf.
Unterstreiche die Buchstaben, die du eingesetzt hast.

das _laster   der _eil   das _erd   die _ütze   die _anne

der _lug   die _lanze   der To_   der Ko_   der Zo_

(5) Informiere dich im Internet, wie Blindenschrift funktioniert:
www.hanisauland.de, www.fragfinn.de, www.blinde-kuh.de

Hier üben wir

1 Übe den Text: oder  oder  oder .

Meine Freundin

Meine Freundin heißt Anna.
Sie hat ein fröhliches Gesicht und braune Haare.
Wir feiern am gleichen Tag Geburtstag.
Wenn ich sie besuche, langweilen wir uns nie.
In ihrem Zimmer gibt es einen großen Schrank
mit vielen tollen Spielsachen und Verkleidungen.
Manchmal streiten wir auch.
Aber danach vertragen wir uns wieder.

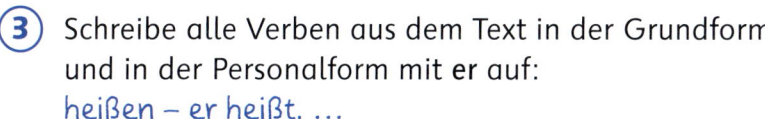
Anna und ich spielen beide Tischtennis.
Unser Hobby macht uns riesigen Spaß.

die Haare
der Geburtstag
die Spielsachen
das Hobby
der Spaß
heißen
feiern
streiten
sich vertragen
sich langweilen
groß
viel
manchmal
auch
danach
riesig

2 Schreibe die Wörter richtig auf.
Male die Stellen mit vielen Mitlauten an.
manchmal, …

lamhcnam   gatstrubeG   knarhcS

neliewgnal   gnudielkreV   negartrev

3 Schreibe alle Verben aus dem Text in der Grundform
und in der Personalform mit **er** auf:
heißen – er heißt, …

4 Finde zu jedem Nomen ein passendes Adjektiv:
der große Spaß, …

der Spaß   das Haar   der Schrank   die Spielsachen

die Reise   die Überraschung   der Geburtstag   der Streit

L Was hast du in diesem Kapitel gelernt? Du kannst zum Beispiel aufschreiben,
was du an Jungen und an Mädchen gut findest.

Freizeit

Mama musste samstags arbeiten. Ich war mit Karim in der Bücherei, weil wir zusammen ein Referat halten.

Am Samstag war ich mit Mama einkaufen. Ich hab richtig coole Schuhe bekommen.

Ich war bei meinem Vater. Wir waren im Schwimmbad. Danach haben wir Spaghetti gekocht.

Meine Eltern wollten ausschlafen. Deshalb konnte ich morgens am Computer spielen. Nachmittags waren wir im Kino.

Wir haben eine Radtour gemacht. Wir waren insgesamt 6 Kinder und 5 Erwachsene. Wir sind 30 km gefahren und haben an einem See Rast gemacht.

1. Lies, was die Kinder in ihrer Freizeit gemacht haben. Bei welchem Wochenende wärst du gern dabei gewesen?

Wenn ich etwas nicht verstehe, frage ich nach.

2. Was müsst ihr bei eurem Erzählkreis beachten? Habt ihr bestimmte Regeln?

Ich überlege mir vorher, was ich erzählen will.

3. Schreibe einen kurzen Text über dein Wochenende.
   Oder: Beschreibe dein Wunschwochenende.

sich über Freizeitaktivitäten austauschen; Gesprächs-regeln thematisieren; einen Erlebnisbericht oder einen Fantasietext schreiben

Informationen für Sachtexte

(1) Die Kinder suchen Informationen für ihre Präsentationen. Lest den Text. Klärt Begriffe, die ihr nicht versteht.

In der Kinderbücherei wollen Lilli und Karim herausfinden, wie man zahme Ratten hält. Die Bibliothekarin Frau Rose gibt die Stichwörter „Ratte, zahm" in den Computer ein. Sofort zeigt der Bildschirm mehrere Bücher und ihren Standort in den Regalen an.

Frau Rose zeigt auf einige Titel und sagt: „Ich empfehle euch diese da." Lilli und Karim nehmen ein Buch nach dem anderen in die Hand und blättern darin. Manche legen sie sofort zurück, andere nehmen sie zum Schmökern mit an den Tisch. Sie wollen nur Bücher ausleihen, die ihnen gefallen und die sie gut lesen können.

Ina und Tim möchten sich im Internet über Spinnen informieren. Ein Computerplatz ist frei. Frau Roses Kollegin schaut zu, wie Ina eine Suchmaschine auswählt, das Stichwort ins Eingabefeld tippt und dann auf „Suche starten" klickt.

Nach kurzer Zeit erscheinen auf dem Bildschirm viele Links mit Stichwörtern. „Oh je, wer soll das lesen?", stöhnt Tim. „Können Sie uns bitte helfen?" Mit Hilfe der Bibliothekarin finden sie schnell die richtigen Links und drucken die Seiten aus, die sie interessieren.

(2) Wählt ein Thema. Sucht dazu Informationen im Internet oder in Büchern.

Vulkane   Europa   Erfindungen   Dinosaurier

(3) Sucht ihr lieber Informationen in Büchern oder im Internet? Sprecht darüber. Begründet eure Meinung.

Methoden der Informationsbeschaffung erproben: Internet, Bücherei; über unterschiedliche Medien zur Informationsbeschaffung diskutieren

Texte verfassen **S. 128**   **35**

Satzglieder kennen lernen

1 Lasse den Satz wachsen:
Leon und Malte
Leon und Malte sammeln
…

Leon und Malte
sammeln
seit der Weltmeisterschaft
eifrig
Bilder von Fußballern

2 Stelle den Satz um.
Beginne mit dem blauen Satzglied: Seit …

Ein Satz besteht aus mehreren **Satzgliedern**.
Ein Satzglied kann ein Wort oder mehrere Wörter haben.
Satzglieder kann man vertauschen:

| *Leon und Malte* | *sammeln* | *eifrig* | *Fußballbilder* |.

| *Eifrig* | *sammeln* | *Leon und Malte* | *Fußballbilder* |.

3 Lies die Sätze mit einem Partnerkind.
Überlegt, wie ihr die Satzglieder am besten anordnen könnt.

Eva   auf dem Flohmarkt   verkauft   alte Sachen

Bücher und Spielzeug   sie   auf eine Decke   legt

besonders gut   ihre Holzeisenbahn   den ersten Kunden   gefällt

4 Ordne die Satzglieder so, wie dir die Sätze am besten gefallen.
Schreibe die Sätze. Achte auf den Satzanfang und das Satzende.

Einen Satzfächer bauen

So wird es gemacht:

- Schreibe die Satzglieder auf Pappstreifen.

- Hefte die Pappstreifen mit einer
  Musterklammer zusammen.

- Schreibe auf die Rückseite die Satzglieder
  für einen anderen Satz.

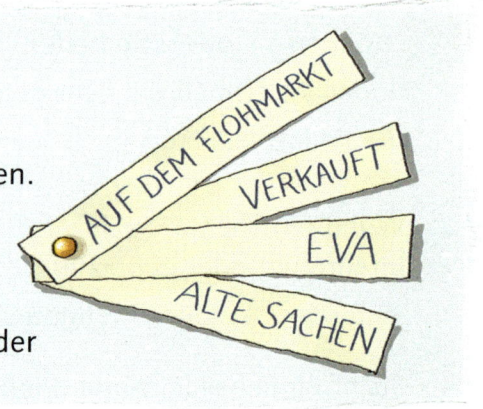

5 Schreibe Satzfächer, die beim Umstellen Unsinnsätze ergeben.

Satzglieder aneinanderreihen;
verwürfelte Satzglieder zu Sätzen ordnen;
mit dem Satzfächer üben: Satzglieder umstellen

Satzglieder

1 Schreibe den ersten Satz auf einen Papierstreifen.

Heute	gehen	Till und Hanno	ins Schwimmbad.
Wie immer	fahren	die Jungen	mit ihren Rädern.
Zuerst	suchen	sie	einen Liegeplatz.
Dann	springen	die beiden Freunde	vom 3-Meter-Brett.
Anschließend	springt	Till	auch vom 5-Meter-Brett.
Um 18 Uhr	müssen	sie	zu Hause sein.

2 Zerschneide den Satz in seine Satzglieder und lege neue Sätze.
Till und Hanno gehen …
Ins Schwimmbad gehen …

| Heute | gehen | Till und Hanno | ins Schwimmbad |

| Till und Hanno | gehen | Heute | ins Schwimmbad |

3 Schreibe alle Sätze aus Aufgabe 1 auf.
Stelle dabei jeden Satz um.

4 Ordne die Satzglieder deiner Sätze zu Fragesätzen:
Gehen Till und Hanno …?

Denke an
die Groß- und Klein-
schreibung.

Wörter mit doppeltem Mitlaut ⌣

1 Setze die Silben richtig zusammen.
Schreibe die Wörter auf: Keller, ...

Kel	len	ler	tref	kom	Zim
mer	men	Mut	Wet	Klas	
wol	im	ter	fen	mer	se	ter

2 Lies die Wörter laut und schwinge sie. Zeichne Silbenbögen: Keller, ...

3 Schreibe den Text auf.
Fülle die Lücken mit den Wörtern aus Aufgabe 1: immer, ...

Tom darf ⬚ Kinder einladen.
Er hat im ⬚ ein großes ⬚ zum Spielen.
Wenn das ⬚ schlecht ist,
⬚ sich die Freunde oft im Spielkeller.
Dort gibt es auch einen Computer.
Heute ⬚ ein paar Kinder aus seiner ⬚ vorbei.
Gemeinsam ⬚ sie einen Bericht für die Homepage
ihrer Schule gestalten. Toms ⬚ hilft ihnen dabei.
Sie arbeitet viel am Computer.

> Der Selbstlaut vor doppelten Mitlauten klingt kurz.

Verben-Spiel
Schreibt jede Verbform auf ein Kärtchen. Mischt die Kärtchen.
Legt sie verdeckt auf den Tisch. Deckt abwechselnd ein Kärtchen auf.
Wer die dritte Karte aufdeckt, bekommt das Trio.
Gewonnen hat das Kind mit den meisten Trios.

Grundform	du	er, sie, es
schwimmen	schwimmst	schwimmt
klettern	kletterst	...
rennen	...	...
brüllen	...	...
schaffen	...	...

Wörter mit doppelten Mitlauten zusammensetzen und in Lückentext einsetzen; Personalformen mit doppeltem Mitlaut bilden

Hier üben wir

1 Übe den Text:  oder  oder  oder .

Ein spannender Ausflug

Luisa ist aufgeregt. Heute Nachmittag kommen
Dara und Tom. Zusammen mit ihrer Mutter
wollen sie in den Kletterpark fahren.
„Hoffentlich bleibt das Wetter schön", denkt Luisa.
Sie hatte sich den Kletterausflug zum Geburtstag
gewünscht. Aber ausgerechnet an diesem Tag
war der Himmel grau und Regen prasselte
an die Fenster. Doch heute scheint die Sonne.
Endlich: Dara und Tom stürmen in Luisas Zimmer.
„Können wir gleich losfahren?", ruft Tom.

 „Ja", antwortet Luisas Mama. „Ich packe nur noch
die Wasserflaschen und etwas zu essen ein."

der Ausflug
das Wetter
das Wasser
die Flasche
kommen
wollen
haben
sie hatte
prasseln
scheinen
können
packen
ich packe
spannend
zusammen
hoffentlich

2 Finde im Text alle Wörter mit doppeltem Mitlaut. Schreibe sie auf.
⌣ Schwinge sie und zeichne Silbenbögen darunter:
spannender, ...

3 Suche in der Wörterliste mindestens zehn Wörter mit doppeltem Mitlaut.
Schreibe sie auf.

4 Am Computer kannst du viele Schriften verwenden.
Ordne nach verwandten Wörtern. Immer drei gehören zusammen.
die Nummer, ...

die Nummer	wegrennen	das Klassentreffen
das Rennrad	der Treffpunkt	die Hausnummer
treffen	der Fluss	das Wettrennen
die Flüssigkeit	nummerieren	flüssig

L Was hast du in diesem Kapitel gelernt? Du kannst zum Beispiel
einen Satz wachsen lassen, indem du immer mehr Satzglieder anhängst.

Übungswörter einzeln und im Textzusammenhang
üben; Wörter mit doppeltem Mitlaut schwingen und
schreiben; Wortfamilien; Impuls Lerntagebucharbeit

Arbeitstechniken

S.
78–83

39

Tieren auf der Spur

1. Was machen die Kinder? Beschreibt.

2. Welche Schmetterlinge kennt ihr?
   Was wisst ihr über Schmetterlinge?

3. Ihr plant eine Präsentation zum Thema Schmetterlinge.
   Welche Oberbegriffe sind wichtig?

4. Sammelt Informationen zu euren Oberbegriffen
   in Tierbüchern und im Internet.
   Oder: Fragt einen Experten.

Wovon ernähren sich Schmetterlinge?

Wie entwickeln sich Schmetterlinge?

40

eine Präsentation vorbereiten; Informationen
sammeln; gelernte Sachverhalte zusammenfassen
und vortragen

Informationen sammeln

(1) Lies den Text.

Vom Ei zum Schmetterling

Früher wunderten sich die Menschen, woher im
Frühling die vielen bunten Schmetterlinge kommen.
Bevor ein Schmetterling durch den Garten flattert,
hat er schon eine erstaunliche Entwicklung durchgemacht.

Jede Schmetterlingsart hat ihre eigene Futterpflanze.
Das sind zum Beispiel Brennnesseln oder Kohlblätter,
Flieder, Weide oder Brombeeren.
Auf der Futterpflanze legen die Schmetterlinge ihre Eier ab.
Aus den Eiern schlüpfen Raupen. Die Raupen ernähren sich
von den Blättern ihrer Futterpflanze.

Kennst du die Geschichte von der „Raupe Nimmersatt"?
Raupen sind tatsächlich sehr gefräßig, aber sie fressen nur
ihre Futterpflanzen und nichts anderes. Weil sie so viel fressen,
müssen sie sich mehrmals häuten, denn ihre Haut wächst nicht
mit und wird zu eng. Bei der letzten Häutung spinnen sie ihren
Körper in eine Hülle ein. Aus der Raupe ist damit eine Puppe
geworden, die nicht mehr weiterfrisst. Nach einigen Wochen,
manchmal auch Monaten, schlüpft aus der Puppe der fertige
Schmetterling.

(2) Wähle einen Oberbegriff aus. Schreibe zu diesem
Oberbegriff die Informationen aus dem Text auf.

    Entwicklung des Schmetterlings   Ernährung der Raupe

(3) Wähle einen weiteren Oberbegriff aus.
Sammle dazu Informationen in Büchern oder im Internet.

    Schmetterlingsarten   Lebensraum   Feinde und Gefahren

Bei fragFINN.de
oder OLI's Wilde
Welt findest du viele
Informationen.

in einem Text Informationen finden und wiedergeben; Oberbegriffe formulieren und mit Hilfe unter-
schiedlicher Medien und Experten beantworten

Texte verfassen **S. 134**   **41**

Vergleichsstufen

(1) Lies die Beschreibungen der Schmetterlinge.
Wähle eine Beschreibung aus und schreibe sie ab.

Der **Kleine Fuchs** kommt bei uns am häufigsten vor.
Er überwintert in geschützten Räumen, z. B. in Kellern.
Seine Flügel haben einen blau gefleckten Rand.

Das **Tagpfauenauge** ist etwas größer als der Kleine Fuchs.
Es hat rostrote Flügel mit Augenflecken auf den Spitzen.
Sein Verwandter ist das Nachtpfauenauge.

Von den drei Schmetterlingen ist der **Bläuling** am kleinsten.
Der Rand seiner blauen Flügel ist weiß und dünn.
Die Männchen sind schöner gefärbt als die Weibchen.

(2) Ordne den Schmetterlingen die richtigen Aussagen zu:
Der Kleine Fuchs lebt …

Der Kleine Fuchs …
Der Bläuling …
Das Tagpfauenauge …

ist etwas größer als
der Kleine Fuchs.

lebt in Kellern,
wenn es kalt ist.

ist der kleinste der
drei Schmetterlinge.

> Mit Adjektiven kann man vergleichen.
> **Grundform:**   *Das Tagpfauenauge ist klein.*
> **1. Vergleichsstufe:** *Der Kleine Fuchs ist kleiner.*
> **2. Vergleichsstufe:** *Der Bläuling ist am kleinsten.*

(3) Ordne diese Adjektive auf dieser Seite in die Tabelle. Ergänze die Spalten:

Grundform	1. Vergleichsstufe	2. Vergleichsstufe
häufig	häufiger	am häufigsten

Texten über Schmetterlinge Informationen
entnehmen; Funktion und Bildung
von Vergleichsstufen kennen lernen

Verlängern: 1. und 2. Vergleichsstufe

1 Suche zu jedem Adjektiv die passende Verlängerung: alt – älter, …

alt   durstig   billig
bunt   stark   fleißig
wild   wichtig

billiger   bunter
durstiger   wilder   wichtiger
älter   stärker   fleißiger

2 Schaue die Diagramme genau an. Schreibe die drei Vergleiche auf.
Der Floh springt weit. Der Grasfrosch springt … Die Heuschrecke …

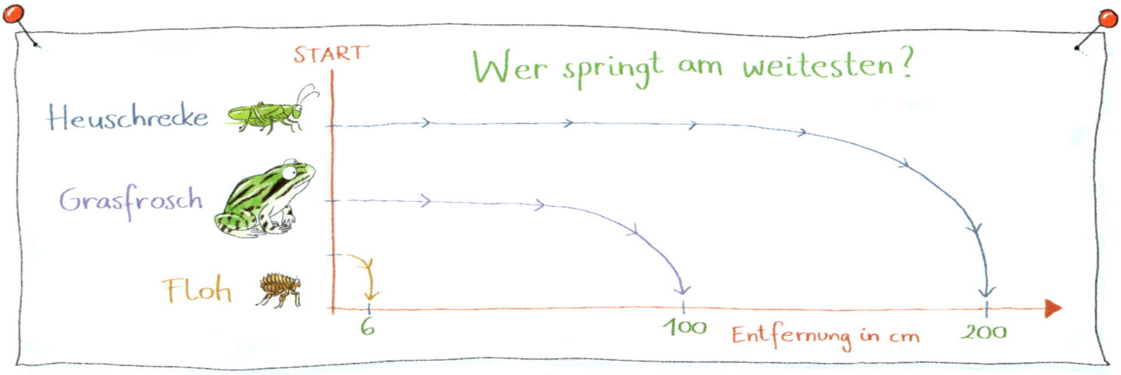

START

Wer springt am weitesten?

Heuschrecke

Grasfrosch

Floh

6   100   Entfernung in cm   200

Wer wird am ältesten?

Alter in Monaten

12

Tiere

Feuerkäfer   Fliege   Spitzmaus

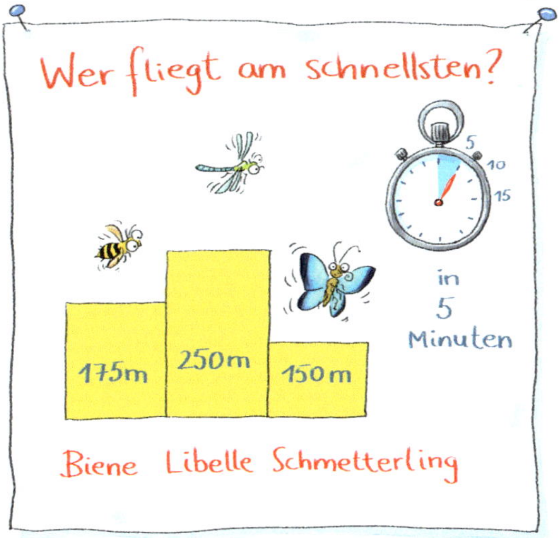

Wer fliegt am schnellsten?

5
10
15

in
5
Minuten

175m   250m   150 m

Biene   Libelle   Schmetterling

3 Schreibe die Sätze ab und setze die passenden Adjektive ein.

Der Mensch hört   . Die Katze hört   als der Mensch.

Die Eule hört   .

besser
gut
am besten

Rechtschreibhilfe 1. Vergleichsstufe kennen lernen;
Adjektive mit dem korrekten Auslaut schreiben;
Vergleiche zwischen Tieren vornehmen

43

Wörter mit nk und ng

1 Lest die Tierbeschreibungen. Löst die Rätsel.

 Feuerkäfer    Laubfrosch    Maulwurf    Marienkäfer

Er verbringt die meiste Zeit seines Lebens unter der Erde. Mit seinen Vorderpfoten gräbt er lange Gänge. Sehen kann er nicht besonders gut.

Er ist an seinen dunklen Punkten auf dem Rücken gut zu erkennen. Er ist sehr nützlich, denn er verschlingt große Mengen Blattläuse.

Er kann im Wasser und auf dem Land leben. Mit seinen kräftigen Hinterbeinen kann er weit springen. Er fängt seine Beute mit seiner langen, klebrigen Zunge.

2 Finde in den Beschreibungen alle Wörter mit ng und nk.
Male ng oder nk an: verbringt, …

3 Finde zu jedem Verb die passende Grundform.
Male ng und nk an: singt – singen, …

Der Vogel singt.
Der Laubfrosch springt.

Das Spinnennetz hängt.
Die Spinne fängt.

 Der Schmetterling trinkt.
Das Glühwürmchen blinkt.

Die Natter schlingt.
Das Gedicht gelingt.

4 Schreibe den Text mit den passenden Adjektiven: Nach der Schule …

eng   flink   jung   spitz   lang

Nach der Schule beobachten Marie und Tim die Vögel im Garten.
Im ___ Nest füttert die Vogelmama die Kinder.
Im ___ Schnabel baumelt ein ___ Wurm.
Hungrig sperren die ___ Vögel die Schnäbel auf.
Der ___ Vogelpapa sorgt für neues Futter.

Tierrätsel lösen;
zu Verben mit nk und ng die Grundform finden;
Wörter mit nk und ng in Lückentext einsetzen

Hier üben wir

1 Übe den Text: oder  oder oder  .

Auf der Wiese	die Wiese
	das Tier
Auf einer Wiese leben eine Menge Tiere.	der Schmetterling
Die Schmetterlinge trinken Nektar aus den Blüten	die Blüten
der Blumen. Sie legen ihre Eier auf die Blätter	das Futter
ihrer Futterpflanze. Die Raupen fressen die Blätter	die Pflanze
und verpuppen sich. Aus der Puppe schlüpfen	leben
Schmetterlinge. Der Laubfrosch hat eine lange Zunge.	trinken
Damit fängt er Fliegen. Mit seinen kräftigen	fressen
Hinterbeinen kann er weit springen.	sich verpuppen
Eine kleine Maus rennt flink in ihr Loch.	schlüpfen
	fangen
	er fängt
	rennen
	darauf
	flink

Je weniger eine Wiese von den Menschen bearbeitet
wird, desto mehr Tiere können darauf leben.

2 Schreibe die Fragen auf und beantworte sie in kurzen Sätzen:
1. Wohin rennt die Maus? Die Maus rennt …

1. Wohin rennt die Maus?
2. Womit fängt der Laubfrosch Fliegen?
3. Wovon ernähren sich Schmetterlinge?
4. Was schlüpft aus der Puppe?

3 Schreibe aus dem Text alle Wörter mit ng und nk heraus.
⌣ Zeichne die Silbenbögen unter die Wörter.
ng: Menge, …
nk: …

4 Schreibe die Grundform der Adjektive und ihre Vergleichsstufen auf.
weit – weiter – am …

weit   kräftig   wenig   lang   klein

L Was hast du in diesem Kapitel gelernt? Du kannst zum Beispiel
Informationen über ein Tier heraussuchen, das dich besonders interessiert.

Übungswörter einzeln und im Textzusammenhang üben;
Fragen beantworten; Wörter mit ng und nk; Adjektive:
Vergleichsstufen; Impuls Lerntagebucharbeit

Arbeitstechniken S. 78–83 **45**

Frühlingsduft

1. Was hat das Bild mit dem Frühling zu tun? Sprecht darüber.

2. Viele Bauernregeln beschäftigen sich mit dem Wetter im Frühling.
Setze die Bauernregeln richtig zusammen.

Gehst du im April bei Sonne aus,	füllt dem Bauern Scheune und Fass.
März nicht zu trocken und nass,	lass nie den Regenschirm zu Haus.
Im Märzen kalt und Sonnenschein,	gibt es viel und gutes Heu.
Wenn's Wetter gut am 1. Mai,	werden sicher den Frühling bringen.
Hasen, die springen, Lerchen, die singen,	wird's eine gute Ernte sein.

3. Welche Bedeutung hat das Frühlingswetter
für die Ernte später im Jahr?
Wähle eine Bauernregel aus und erkläre sie.
Oder: Die Bauernregeln stammen aus früherer Zeit.
Warum ist das so? Finde mehr darüber hinaus.

> Suche z. B. auf
> www.blinde-kuh.de
> oder
> www.fragFINN.de

ein Bild betrachten; Beobachtungen wiedergeben; Sachverhalte beschreiben; Bauernregeln kennen lernen und
erklären; zu einem Thema Informationen sammeln

Steckbriefe

(1) Lest den Text. Besprecht, was ihr über den Regenwurm erfahrt.

Heute gibt es in Deutschland etwa 40 verschiedene Regenwurmarten. Regenwürmer werden bis zu 30 cm lang und haben eine rotbraune Farbe. Sie ernähren sich von Laub, dessen Reste sie als Kot ausscheiden. Dieser Kot ist nichts anderes als Erde.

Regenwürmer sind sehr nützliche Tiere. Sie graben sich durch die feste Erde und lockern sie auf. Ohne Regenwürmer wäre die Erde hart.

Sonne und Licht können Regenwürmer nicht vertragen. Sie verlassen die Erde nur nachts und an Regentagen. Auch Wasser ist für Regenwürmer gefährlich: Sie atmen durch die Haut und ersticken unter Wasser.

(2) Notiere wichtige Stichworte zum Regenwurm:
40 verschiedene Arten
bis zu 30 cm lang ...

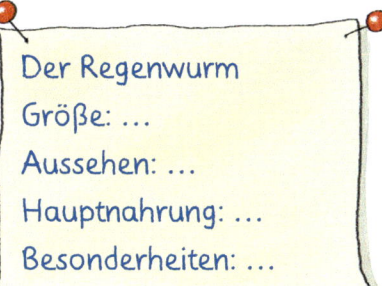

Der Regenwurm
Größe: ...
Aussehen: ...
Hauptnahrung: ...
Besonderheiten: ...

(3) Gestalte mit Hilfe deiner Stichworte einen Steckbrief für den Regenwurm.

(4) Besprich deinen Steckbrief mit einem anderen Kind. Stimmen Reihenfolge und Begriffe? Findet ihr Fehler?

(5) Schreibe einen Steckbrief über ein anderes Tier, das du im Frühling beobachten kannst.

Informationen aus einem Text entnehmen;
Stichworte notieren; Steckbriefe verfassen;
sich über Texte nach Schreibkriterien beraten

Texte verfassen S. 136   47

Prädikat

① Luisa und Max sind froh: Im Frühling beginnt endlich die Fußballzeit.
Lies die Sätze. Frage so: Was tut Max? Max rennt.

Max rennt.
Luisa schießt.
Sie trifft.
Alina und Paul jubeln.
Der Schiedsrichter pfeift.

> Das Prädikat ist ein Satzglied.
> Nach dem Prädikat fragt man mit „Was tut …?"
> Das Prädikat ist immer ein Verb.
> Was tut Max? Max *rennt*.
> Was tun Alina und Paul? Alina und Paul *jubeln*.

Das Prädikat
sagt auch,
was geschieht:
Es regnet.

② Schreibe die Sätze aus Aufgabe 1 ab und
unterstreiche das Prädikat rot.
Schreibe so: Was tut Max? Max rennt.

③ Schreibe die Sätze ab. Setze das passende Prädikat ein.
Um 16 Uhr beginnt das Spiel. …

beginnt   passiert   spielt   gibt   steht

hält   gewittert   gehen   klatschen   rennen

Um 16 Uhr ___ das Spiel.
Der TSV Goldberg ___ gegen den SC Taufen.
Finn ___ heute für den SC im Tor.
Da ___ ein böses Foul.
Es ___ Elfmeter!
Finn ___ .
Die Zuschauer ___ begeistert.
Plötzlich ___ es. Abbruch! Alle ___ in die Kabine.
Die Zuschauer ___ nach Hause.

Fachbegriff Prädikat kennen lernen; mit Hilfe von
Fragen das Prädikat in Sätzen identifizieren;
Prädikate in Lückentext einsetzen

Subjekt und Prädikat

1 Lies die Sätze. Frage so: Wer oder was tut etwas?

Mama liest.   Toni schaukelt.   Die Sonne scheint.
Frodo schläft.   Papa grillt.   Die Vögel singen.

> Das Subjekt ist ein Satzglied.
> Nach dem Subjekt fragt man mit „Wer oder was …?"
> Wer oder was tut etwas? *Mama* liest.
> Wer oder was tut etwas? *Die Vögel* singen.

2 Schreibe die Sätze aus Aufgabe 1 ab und unterstreiche das Subjekt blau.
Schreibe so: Wer oder was liest? Mama liest.

3 Bilde mindestens drei Sätze. Schreibe sie auf. Unterstreiche die Satzglieder
Subjekt blau und Prädikat rot: Toni und Max beobachten die Tiere …

Toni und Max   beobachten   die Tiere   auf dem Komposthaufen
                                 einen Regenwurm   im Garten

Oma   holt   einen Spaten   aus der Garage
                                 eine Becherlupe   aus dem Schuppen

Frodo   findet   ein Stück Kuchen   unter dem Tisch
                                 einen Ball   im Blumenbeet

> Subjekt und Prädikat passen in einem Satz zusammen. Sie sind der Satzkern.
> *Max* *arbeitet* im Garten.   *Der Regenwurm* *lockert* die Erde.

Fachbegriff Subjekt kennen lernen; mit Hilfe von Fragen das Subjekt in Sätzen identifizieren; mit Satzgliedern sinnvolle Sätze bilden

Sprache untersuchen S. 122   49

Ableiten: Wörter mit ä und äu

1 Lest den Text. Wer ist Lissy?

Jetzt im Frühling wird es von Tag zu Tag wärmer.
Lisa und Niklas holen ihre Räder aus dem Schuppen.
Mama räumt die Schränke auf und trägt alte Mäntel
in den Keller. Papa säubert mit Mia die Gartengeräte.
Morgen soll der Gärtner kommen und dürre Äste,
verwelkte Blätter und alte Sträucher entfernen.
Der Nachbar schneidet pfeifend seine Obstbäume.
Lissy streift neugierig durch die Gräser am Zaun.
Ob sie die Mäuse wittert, die dort ihr Versteck haben?

2 Finde zu jedem Wort mit a und au das passende Wort
im Text mit ä und äu: Rad – Räder, ...

Rad   Schrank   tragen   Mantel   Garten   Blatt   warm

Ast   Gras   Raum   sauber   Strauch   Baum   Maus

3 Schreibe die Sätze mit der passenden Personalform:
Opa schläft ...

lassen • schlafen • laufen • fallen • tragen

Opa ▢ zufrieden auf der Bank.
Lissy ▢ über den Rasen.
Mama ▢ Wasser in das Becken.
Papa ▢ den Kuchen nach draußen
und ▢ über den Gartenschlauch.

4 Finde die Adjektive, von denen du diese Wörter
ableiten kannst. Schreibe die Wortpaare:
bräunlich – braun, ...

bräunlich   kränklich   kälter   die Härte
die Nähe   die Schärfe   die Stärke   länglich

 **Richtig schreiben**

Ableitungswörter mit ä und äu im Text finden;
Verben in die Personalform mit ä und äu setzen;
passende Adjektive zu Wörtern mit ä finden

Hier üben wir

① Übe den Text: oder oder oder 🏃 .

Im Frühling	der Frühling
	der Gärtner
Endlich wird es Frühling. Täglich wird es wärmer.	die Sträucher
Gestern waren Toni und ihre Mutter beim Gärtner.	der Sack
Dort haben sie Blumen und Sträucher ausgewählt.	der Balkon
Nun trägt Toni den Sack mit Erde auf den Balkon.	werden
Ihr Hund Frodo läuft aufgeregt hin und her.	es wird
Tonis Mutter gefällt das gar nicht.	halten
Sie hält Frodo fest. Doch zu spät.	sie hält
Schon reißt der Sack auf und Erde fällt heraus.	fallen
	sie fällt
„Du lässt mich jetzt am besten allein", schlägt sie vor.	müssen
„Ich muss hier erst mal wieder aufräumen."	sie muss
	aufräumen
	jetzt
	wieder

② Finde zu jedem Wort das passende Wort mit ä oder äu im Text.
⚡ Schreibe die Wortpaare auf: der Tag – täglich, …

der Tag   warm   der Garten   der Strauch   halten   lassen   schlagen   Raum

③ Welche Prädikate passen? Schreibe die Sätze ab.
Unterstreiche die Subjekte blau und die Prädikate rot.

Die Sonne ___ die Erde.   trägt
Tonis Mutter ___ die Blumen.   läuft
Frodo ___ auf den Balkon.   fällt
Die Blumenerde ___ aus dem Sack. wärmt

④ Schreibe den Text ab. Denke an die Satzzeichen und den Satzanfang.

Im Frühling fahren wir oft zu Opa in den Garten er ist ganz in der
Nähe da gibt es immer viel Arbeit Papa gräbt die Beete um Mama
schneidet die Sträucher und Opa streicht die Bank und den Zaun

L Was hast du in diesem Kapitel gelernt? Du kannst zum Beispiel
noch andere Wetterregeln sammeln.

Übungswörter einzeln und im Textzusammenhang üben;
Ableitungswörter mit ä und äu finden; Prädikate und
Subjekte in Sätzen erkennen; Impuls Lerntagebucharbeit

Arbeitstechniken   S. 78–83   51

Bühne frei

1. Beschreibt, was ihr auf dem Bild seht.

2. Es gibt viele verschiedene Formen, Theater zu spielen. Welche kennst du?

3. Wovon könnte ein Theaterstück mit diesen Puppen handeln? Überlegt euch eine Geschichte. **Oder:** Schreibt einen Dialog auf.

> Ich war in einem Marionettentheater ...

> Ich durfte schon einmal die Prinzessin spielen.

ein Bild beschreiben; sich über unterschiedliche Theaterformen austauschen; sich eine Szene ausdenken und aufschreiben; einen Dialog aufschreiben

Sockenpuppen herstellen

1 Du brauchst:
eine Socke, Klebestift,
Nadel und Faden, Schere,
Moosgummi oder Pappe,
Wolle, Knöpfe …

Soll deine Puppe etwas
Bestimmtes darstellen?
Überlege dir, welche Merkmale
diese Figur haben könnte.

Schneide ein Stück Pappe
oder Moosgummi so zurecht,
dass es ein Oval ergibt. Es soll
in den Fuß der Socke passen.

Knicke das Moosgummi
oder die Pappe. Klebe oder
nähe es in den Fuß der Socke.
So entsteht der Mund
der Puppe.

Verschönere deine Puppe,
wie du möchtest: Klebe oder
nähe Haare aus Wolle an,
bastele einen Hut, klebe Augen
oder nähe Knöpfe an.

Sprechübungen

① Stelle deine Puppe einem anderen Kind vor.
Lass sie sprechen.

Hallo,
ich bin …

② Wählt einen Satz für eure Puppen aus.
Probiert verschiedene Möglichkeiten aus,
diesen Satz zu sprechen.

> Heute kocht meine Mama Gemüsesuppe.
>
> Mona hat das Wasserglas umgeworfen.
>
> Morgen fällt Sport aus.
>
> Da kommt unser Schwimmlehrer.

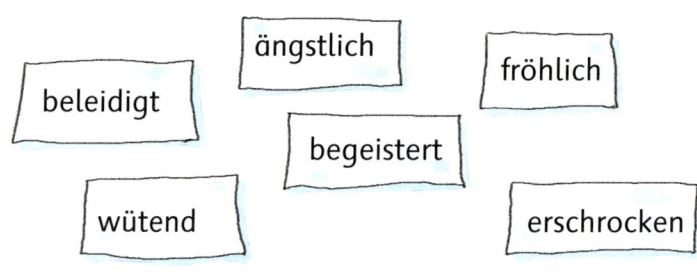

ängstlich

fröhlich

beleidigt

?

begeistert

wütend

erschrocken

Sprecht langsam,
laut und deutlich.

③ Fallen euch noch mehr Möglichkeiten ein,
wie ihr den Satz sprechen könnt?
Oder: Probiert verschiedene Möglichkeiten
mit einem eigenen Satz aus.

④ Lies die Zungenbrecher. Verstehst du die Sätze?
Sprich die Zeilen einem Partner ganz deutlich vor.

De dicke Deern drägt de dünne Deern
döörn dicken Dreek.

Schelled Se ned an sellere Schell,
selle Schell schelld ned!

Das dicke Mädchen trägt das dünne Mädchen durch den dicken Dreck.
Klingeln Sie nicht an dieser Klingel, diese Klingel klingelt nicht.

sich in eine Spielfigur hineinversetzen; verschiedene
Ausdrucksmöglichkeiten erproben; Sprechübungen
und Zungenbrecher

Ein Thema wählen

1 Sucht euch eine Szene aus. Verteilt die Rollen und spielt sie.
Achtet auf die Aussprache und die Betonung.

Mein sehr verehrtes Publikum, herzlich willkommen
zu unserer Vorstellung! Als Erstes sehen Sie Greta,
die ein schönes Lied vorträgt.
Guten Morgen, guten Morgen ... *(singt das Lied)*
Jetzt sehen Sie den Hund Paul,
der sprechen und balancieren kann.
Bitte leise sein, wenn ich jetzt balanciere und dabei auf
Englisch rückwärts zähle. *(zählt rückwärts 10, 9, 8 ... 0)*
Ich hoffe, es hat Ihnen gefallen.
Applaus für unsere Darsteller!

(ärgerlich)	Mist, ich muss los.
	Ich muss noch Hausaufgaben machen.
(mitleidig)	Du Armer! Meine Hausaufgaben
	sind immer sehr schwer.
(neugierig)	Was hast du denn auf?
(genervt)	Ich soll ein Gedicht aufschreiben.
(besserwisserisch)	Das ist doch ganz leicht!
(ratlos)	Also, mir fällt dazu nichts ein.
(triumphierend)	Mir schon: 1, 2, 3, gleich ist es vorbei.
	5, 6, 7, 8, die Hausaufgaben sind gemacht!
(erleichtert)	Gute Idee! Das schreibe ich auf.

2 Sucht ein Thema aus und spielt eine Szene dazu.
Probiert verschiedene Möglichkeiten aus.

Beim Arzt   Eine Räubergeschichte   Im Restaurant

Ein Paket kommt an   Computerverbot   Ein Unfall

3 Schreibt eure Ideen auf. Führt eure Szene vor. Nehmt einen Tisch als Bühne.

Medien

① Was machen die Kinder auf dem Bild? Sprecht darüber.

② Welche Medien benutzt ihr, um euch
mit anderen auszutauschen?

*Für meine
Geburtstags-
einladung …*

③ Welche Vor- und Nachteile haben
die unterschiedlichen Medien?

*Wenn ich
mich verabreden
möchte …*

④ Suche dir ein Medium aus, informiere dich darüber
und stelle es den anderen vor.
Oder: Macht eine Umfrage zur Mediennutzung
an eurer Schule.

ein Bild beschreiben und unterschiedliche Medien benennen; argumentieren: zu
Vor- und Nachteilen von Medien eine eigene Meinung äußern und begründen;
Informationen sammeln und vortragen; eine Umfrage durchführen

Geschichtenaufbau

(1) Lest die Absätze der Geschichte. Welcher Absatz ist die Einleitung, welcher der Hauptteil und welcher der Schluss?

Kurze Zeit später klingelte es. Justus kam in die Küche. „Maja, was machst du hier?", fragte er. Als die Mädchen ihm die Geschichte erzählten, mussten alle lachen. „Was soll's? Dann backen wir den Kuchen jetzt zusammen", meinte Justus. „Und eine Geburtstagsüberraschung haben wir ja trotzdem noch", sagte er und zwinkerte Lotte zu.

Plötzlich summte ihr Handy. Neugierig las Maja die SMS: *Hallo, ich warte! Wo bleibst du? 6 Eier + Butter nicht vergessen! Lo* Überrascht lief sie zu ihrer Mutter. „Das ist ja komisch. Warum schreibt Lotte eine Nachricht, sie wohnt doch nebenan", wunderte sich Majas Mutter. „Du kannst ihr die Sachen bringen, dann erfährst du, was los ist." Als Lottes Mama die Tür öffnete, rief sie erstaunt: „Nanu Maja, was bringst du denn da? Willst du etwa deinen Geburtstagskuchen selber backen?" In diesem Moment stürzte Lotte in den Flur. „Oh nein!", rief sie. „Ich habe unsere Überraschung vermasselt! So ein Mist! Justus wird sich auch ärgern."

Es war Nachmittag und das Wetter war toll. Maja wäre so gerne mit Justus und Lotte ins Freibad gegangen, aber ihre Freunde hatten beide keine Zeit. Nun saß sie in ihrem Zimmer und langweilte sich.

(2) Schreibe die Geschichte in der richtigen Reihenfolge auf. Überlege dir eine passende Überschrift.

(3) Überlege dir eine Fortsetzung der Geschichte. Welche Geburtstagsüberraschung könnten Lotte und Justus für Maja haben?

Einleitung:	*Wer? Wann? Wo?*
Hauptteil:	*Was passiert?*
Schluss:	*Wie endet die Geschichte?*

Was ist in der Geschichte schiefgelaufen?

Einleitung, Hauptteil und Schluss einer Geschichte kennen lernen und umsetzen; über Verständigungs- probleme und Missverständnisse sprechen

Texte verfassen S. 144

57

Zusammengesetzte Nomen

(1) Lest den Text. Sprecht darüber.

Wenn ihr etwas über eine Schule erfahren möchtet, könnt ihr
zum Beispiel im Internet auf die Homepage der Schule gehen.
Über das Inhaltsverzeichnis ruft ihr verschiedene Seiten auf.
Dort findet ihr Telefonnummern, Stundenpläne, den Ferienplan,
Schulwegpläne, die Pausenordnung, Schulfotos oder Berichte über
Klassenausflüge, verschiedene Unterrichtsprojekte und das Sportfest.

(2) Zerlege diese zusammengesetzten Nomen aus dem Text:
das Inhaltsverzeichnis: der Inhalt + das Verzeichnis, …

(3) Finde auf der Homepage die Nomen, die aus **Verb + Nomen**
zusammengesetzt sind. Zerlege sie: die Lesenacht: lesen + die Nacht, …

(4) Finde auf der Seite vier Nomen, die aus drei Wörtern zusammengesetzt sind.

(5) Setze Nomen aus drei Wörtern zusammen: Haustürschlüssel, …

Schlüssel • Tür • Haus   Ball • Schuh • Fuß   Weg • Rad • fahren

(6) Was findet ihr über eure Schule heraus? Hat eure Schule auch eine Homepage?

Verben mit Wortbausteinen

1 Lies den Text. Schreibe alle Verben mit dem Wortbaustein **ver** heraus:
verbracht, …

Julian und Max sind die besten Freunde. Die beiden verbringen
viel Zeit miteinander. Nachmittags verabreden sie sich oft und
auch in der Schule machen sie vieles gemeinsam. An der Pinnwand
neben dem Sekretariat hat Max entdeckt, dass die Schule eine
neue AG anbietet: „Sieh mal, Julian!", ruft er und zeigt auf das Blatt.

NEU: Computer-AG für die dritten Klassen

Jeden Dienstag von 14.00 bis 15.00 Uhr
im Computerrraum. Bitte bei Frau Kaag anmelden.
Am Ende bekommt ihr den Computerführerschein.

Das könnt ihr dann:
- den Computer anschalten und ausschalten
- die Maus benutzen
- einen Bildschirmhintergrund auswählen und bestimmen
- Dateien benennen und abspeichern
- Ordner anlegen und Dateien verschieben
- Texte verändern und bearbeiten
- das Rechtschreibprogramm benutzen
- Schriften vergrößern und verkleinern
- andere Schriften einstellen und einfärben
- Bilder in Dateien einfügen und Dateien ausdrucken

„Super, das machen wir", meint Julian. Die beiden überlegen nicht lange.
Sie wollen sich sofort in die Teilnehmerliste eintragen.

2 Finde im Text Verben mit den Wortbausteinen **an**, **ab** und **be**. Schreibe sie auf.
Zeichne einen Strich zwischen Verb und Wortbaustein: an|bietet, …

3 Finde im Text Verben mit anderen Wortbausteinen und schreibe sie auf.

4 Bilde neue Verben und schreibe Sätze damit.

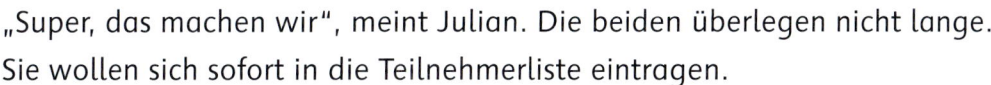

be • unter • ver • auf • vor + schreiben : beschreiben, …

Verben mit Wortbausteinen in einem Text finden; Veränderung der
Wortbedeutung durch Wortbausteine erfahren; Verben mit Wortbausteinen bilden und im Satzzusammenhang verwenden

59

Merkwörter aus anderen Sprachen (M)

1 Wenn es um Medien geht, benutzen wir viele englische Fremdwörter.
Lies den Text. Frage nach, wenn du Wörter nicht verstehst.

Die Computer-AG macht den Kindern viel Spaß. Sie können
unterschiedliche Computer benutzen und einen Laptop gibt es auch.
Lea arbeitet gern mit der Maus, Ben mag den Touchscreen lieber.
Er bringt zum Kurs immer seinen Stick und sein Headset mit.
In der AG können die Kinder auch online arbeiten. Kim tippt
eine E-Mail, unter den Text setzt sie noch einen fröhlichen Smiley.
Ali und Jona wollen aus dem Internet Tierbilder downloaden.
Sie haben eine Liste mit Kindersuchmaschinen, in denen sie
surfen dürfen.

2 Schreibe alle blauen Merkwörter aus dem Text auf.
Wähle fünf Wörter davon aus und schreibe damit kurze Sätze.

3 Jonas hat einen lustigen Text im Internet gefunden.
Lies den Text.

Im Zirkus

Der Hanswurst kommt in den runden Vorführraum.
Er rast auf seinem Bergfahrrad einmal im Kreis herum.
Dann springt er mit einem Überschlag ab, pflanzt
ein dünnes, langes Stangenweißbrot in den Sand und
gießt aus einer riesigen Kanne Puffmais darüber.
Danach zieht er sein kragenloses, kurzärmliges Oberteil
und seine Hose aus blauem, festem Stoff aus und rennt
in einer riesigen Unterhose zu seinem Rad. Er ruft:
„Beifall für den schnellsten Gärtner der Welt!"

4 Setze für die farbigen Wörter das passende Fremdwort ein.
Schreibe den Text damit neu.

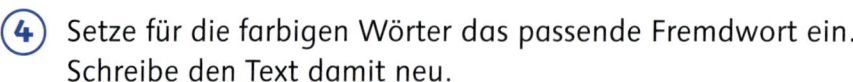

Clown   Mountainbike   Manege   Salto   Popcorn

Baguette   Applaus   Jeans   Boxershorts   T-Shirt

über Fremdwörter und Fachbegriffe aus dem Medien-
bereich sprechen; gezielt Rückfragen stellen; Bedeutung
häufig gebrauchter Fremdwörter kennen

Hier üben wir

(1) Übe den Text: oder ⬛ oder 👥 oder 🏃 .

Die Fremdwörterkartei

Ben hat sich eine Fremdwörterkartei angelegt.
„Komm, Papa", sagt er. „Wir machen ein Quiz.
Schließe die Augen und ziehe eine Karteikarte.
Ich nenne dir das Wort und du erklärst es."
Papa zieht und Ben liest vor: „Der Babysitter."
„Das Kindermädchen", antwortet Papa und zieht
das nächste Kärtchen. Ben liest: „Die E-Mail."
„Der elektronische Brief", sagt Papa sofort.
Das Display übersetzt Papa mit der Bildschirm
und das Souvenir bedeutet das Andenken.
„Manche Wörter sind aber auch schwierig
zu erklären", meint Bens Vater nach dem Spiel.

🟡 „Okay, Dad, und was machen wir jetzt?", fragt Ben.
„Jetzt gehen wir eine Pizza essen."

das Fremdwort
das Quiz
der Babysitter
die E-Mail
der Brief
das Display
der Bildschirm
das Andenken
die Pizza
schließen
ziehen
er zieht
erklären
lesen
er liest
elektronisch
schwierig
manche
okay

(2) Finde im Text alle Merkwörter aus anderen Sprachen.
Ⓜ Schreibe sie auf: das Quiz, ...

(3) Finde im Text alle deutschen zusammengesetzten Nomen. Schreibe sie so auf:
Fremdwörterkartei: fremd + die Wörter + die Kartei, ...

(4) Setze das Verb **schließen** mit den Wortbausteinen zusammen.
Achtung: Ein Wortbaustein passt nicht: verschließen, ...

ver   an   be   aus   ent   auf   zer

schließen

L Was hast du in diesem Kapitel gelernt?
Du kannst dir zum Beispiel eine Fremdwörterkartei anlegen.

Übungswörter einzeln und im Textzusammenhang üben; versteckte Wörter finden; Verben mit Wortbausteinen bilden und damit Sätze schreiben; Impuls Lerntagebucharbeit

Arbeitstechniken   S. 78–83   **61**

Zeit vergeht

① Das ist Sofias Lebenskette. Erzähle zu den Bildern.

② Wie alt war Sofia bei diesen Ereignissen?
Beschreibe den Aufbau einer Lebenskette.

③ Was hast du schon alles erlebt?
Woran erinnerst du dich? Frage deine Eltern,
was du mit einem Jahr, zwei, drei … Jahren konntest.

Als ich
drei Jahre
alt war …

④ Bringe Bilder von dir mit und erzähle dazu.
Oder: Gestalte eine Lebenskette zu deinem Leben.

aus dem eigenen Leben erzählen;
zu Fotos oder Bildern von Lebensstationen erzählen;
Erzählungen aus dem eigenen Leben vorbereiten

Texte überarbeiten

1 Lies den Text. Was fällt dir auf?

> Ich hatte bei meiner Geburt viele Haare.
> Dann gingen sie mir fast alle aus.
> Ich hatte ein halbes Jahr eine Glatze.
> Dann wuchsen die Haare heller nach.
> Ich war zwei, als ich einen Bruder bekam.
> Ich kam mit drei Jahren in den Kindergarten.
> Dann hat man gemerkt, dass ich nicht gut hören kann.
> Dann bekam ich mein Hörgerät.
> Ich fuhr mit fünf Jahren mit meinem Opa Ski.
> Ich bekam eine große Schultüte zum ersten Schultag.
> Und dann hieß meine Lehrerin Frau Weber.
> Ich begann in der zweiten Klasse, Fußball zu spielen.
> Dann lernten wir in der dritten Klasse,
> mit dem Computer umzugehen.

Annika

2 Schreibe den Text ab.
Ersetze *dann* durch andere Satzanfänge.
Stelle alle Sätze um, die mit *ich* anfangen.

> Unterschiedliche **Satzanfänge**
> machen Texte interessanter:
> *Zuerst, plötzlich, als, schließlich …*

> Sätze kann man **umstellen**:
> *Ich hatte als Baby eine Glatze.*
> *Als Baby hatte ich eine Glatze.*

3 Suche dir ein Partnerkind. Vergleiche Annikas Text
mit deinem veränderten Text. Welcher klingt besser?

4 Schreibe einen Text über dich.
Überarbeite deinen Text
in einer Schreibkonferenz.

> Aus euren schön
> gestalteten Ich-Texten
> könnt ihr auch
> ein Klassenbuch
> herstellen.

einen Text überarbeiten: Satzanfänge, Satzglied-
stellung; Text über das eigene Leben schreiben;
unterschiedliche Textentwürfe besprechen

Gegenwart und Vergangenheit

(1) Sofias Oma erzählt aus ihrer Kindheit. Lest den Text.
Zeigt und erklärt, wie die Kinder früher Hüpfkästchen spielten.

Mit meinen Freundinnen spielte ich früher
fast jeden Tag Hüpfkästchen. Zuerst malte
ein Kind mit Kreide das Hüpffeld auf.
Dann suchte jeder Spieler einen kleinen Stein.
Der erste warf den Stein ins erste Feld und
sprang darüber. Danach hüpfte er durch alle Felder.
Dabei versuchte er, nicht auf die Striche zu treten.
Als Nächstes warf der Spieler den Stein ins zweite Feld,
sprang ins erste und dann über den Stein ins dritte Feld.
Und so weiter. Wenn ein Kind die Linie berührte
oder der Stein nicht im richtigen Feld landete,
kam das nächste Kind an die Reihe.
Das Kind, das zuerst alle Felder schaffte, gewann.

(2) Finde im Text alle Verben, die sagen, was **früher** geschah.
Schreibe sie mit *ich* in eine Tabelle:

früher	heute
ich spielte	
ich …	

(3) Ergänze die Verbformen, die sagen, was **heute** geschieht:

früher	heute
ich spielte	ich spiele

> Verben zeigen an, von welcher Zeit erzählt wird:
> von der Gegenwart (heute) oder der Vergangenheit (früher).
> Gegenwart: *Wir spielen.*   Vergangenheit: *Wir spielten.*

(4) Stelle dir vor, du willst Omas Hüpfkästchen heute spielen.
Schreibe den Text auf. Benutze die Verben in der Gegenwart:
Hüpfkästchen geht so: Zuerst malt ein Kind mit Kreide das Hüpffeld auf. …

mit Hilfe von Text und Bild ein Spiel von früher
erklären; Zeitformen des Verbs kennen lernen;
Spielregeln aufschreiben

Silbentrennung

(1) Die Zeile ist zu Ende. Überlegt gemeinsam, was Dennis tun könnte.

In der Schule spielen wir manch

(2) Lies den Text laut. Suche mindestens 15 Wörter mit zwei Silben.
Schwinge sie und schreibe sie mit Trennstrich auf:
Schu-le, spie-len, …

In der Schule spielen wir manchmal Daumenzupfen.
Das geht so: Vier Kinder stehen vor der Klasse.
Die anderen tun so, als würden sie schlafen. Sie legen
ihre Köpfe auf die Arme und schließen die Augen.
Ein Daumen von jedem Kind zeigt nach oben.
Es ist mucksmäuschenstill. Nun schleichen die vier Kinder
um die Schlafenden und jedes zupft an einem Daumen.
„Aufwachen", rufen die vier, wenn sie wieder vorne stehen.
Die gezupften Kinder stehen auf. Jedes muss raten, von wem
es gezupft wurde. Wer richtig rät, zupft in der nächsten Runde.

(3) Finde vier Wörter mit drei Silben und zwei Wörter
mit vier Silben. Schreibe sie getrennt auf:
3 Silben: …   4 Silben: …

(4) Schreibe den Text über das Daumenzupfen ab.
Trenne, wenn die Zeile zu Ende ist.

> Am Zeilenende kann ich **Wörter trennen**.
> Dabei muss ich die Silben beachten: *In der Schu-*
> *le spielen wir manchmal Daumenzupfen.*

Silbentrennung als Mittel der Zeilenausnutzung
kennen lernen; Wörter nach Silben getrennt und Text
mit Silbentrennung am Zeilenende aufschreiben

65

Merkwörter mit langem i-Laut Ⓜ

① Paul und sein Opa schauen sich alte Schulbücher an.
Lies die Sätze. Finde die passenden Nomen.

Ein anderes Wort für Geige ist ____ .

Im Kuchen findet man oft ____ .

Sabine hört ____ mit dem Plattenspieler.

Die ____ schmeckt bitter.

Ich schenke Mama eine Schachtel ____ .

Heute Nachmittag gehen wir ins ____ .

Elke probiert das Kleid in der ____ an.

Die Wäsche waschen wir in der ____ .

Vor dem Fenster hängt eine ____ .

Das ____ heißt Schlappohr.

Martin kauft zwei ____ saftige ____ .

Violine   Kaninchen   Musik

Rosinen   Kabine   Apfelsinen

Gardine   Pralinen   Medizin

Kilo   Waschmaschine   Kino

Manche Wörter werden nur mit i geschrieben,
obwohl der i-Laut lang klingt:
die Maschine, der Tiger, das Benzin.

Auch dir, mir
und wir schreibt
man nur mit i.

② Schreibe die Sätze aus Aufgabe 1 ab.
Markiere alle Wörter mit langem i-Laut:
Ein anderes Wort für Geige ist Violine.

③ Ordne diese Wörter nach Tieren und Lebensmitteln.
Markiere den langen i-Laut.
Tiere: der Bison, ...   Lebensmittel: ...

der Bison   die Margarine   das Krokodil   die Nektarine   die Mandarine

der Tiger   der Biber   der Sirup   die Sardine   die Zitrone   das Nilpferd

④ Suche die Wörter in der Wörterliste und
schreibe sie mit der Seitenzahl auf.

das Benzin   der Detektiv   der Liter   die Lokomotive   die Vitamine

Merkwörter mit langem i-Laut in Sinnzusammen-
hängen üben und einprägen

Hier üben wir

(1) Übe den Text: oder  oder oder .

So war es früher

Herr Müller ist 70 Jahre alt und erzählt:

„Als ich ein Kind war, bekamen wir nur an Weihnachten
Apfelsinen und Pralinen zu essen. Meine Kusine und ich
durften Violine lernen und machten gemeinsam Musik.
Mein Opa besaß einen kleinen Kiosk. Dort verkaufte er
Zeitungen, leckere Sahnebonbons und andere Dinge.
Meine Mutter arbeitete in einer Fabrik.
Wir hatten keine Waschmaschine und keinen Fernseher.
Aber manchmal gingen wir ins Kino."

Später zeigt Herr Müller Fotos von früher, die noch
nicht in Farbe waren: von sich als Baby, von
Geburtstagen und von seinem ersten Auto.

die Apfelsine
die Violine
die Musik
der Kiosk
die Fabrik
das Kino
das Baby
    bekommen
    wir bekamen
    dürfen
    wir durften
    besitzen
    er besaß
    arbeiten
    haben
    wir hatten
    gehen
    wir gingen

(2) Finde im Übungstext alle Merkwörter mit langem i-Laut.
Ⓜ Schreibe sie auf und markiere das lange i: w**i**r, ...

(3) Ordne die Verben in die Tabelle ein.

Gegenwart	Vergangenheit
wir bekommen	wir bekamen
...	

wir bekamen	wir durften	wir machten	er besaß
er verkaufte	sie arbeitete	wir hatten	wir gingen
er verkauft	wir dürfen	er besitzt	wir bekommen
wir machen	sie arbeitet	wir haben	wir gehen

L Was hast du in diesem Kapitel gelernt? Du kannst zum Beispiel
möglichst viele verschiedene Satzanfänge aufschreiben.

Übungswörter einzeln und im Textzusammenhang üben;
Merkwörter mit langem i-Laut; Zeitformen von Verben;
Impuls Lerntagebucharbeit   Arbeitstechniken S. 78–83   **67**

Sommerhitze

① Wähle ein Bild aus und erzähle dazu eine Geschichte.

② Welche Sinneseindrücke verbindet ihr mit dem Sommer?
Tauscht euch aus und sammelt Sommerwörter.

Der Sommer …

schmeckt …

fühlt sich an …

sieht aus …

riecht …

klingt …

Der Sommer schmeckt nach Schokoladeneis!

③ Schreibe mit den Sommerwörtern Sätze.
Oder: Schneide aus Zeitschriften oder Werbebeilagen passende Bilder aus.
Gestalte eine Sommer-Collage aus den Bildern.

funktionsangemessen sprechen: Geschichten zu Bildern erzählen; über eigene Gefühle sprechen; eine Collage gestalten

Geschichten entwickeln

1 Erzählt zum Bild.
Die Gedankensammlung hilft euch.

schimpfen
schmutzig
Matsch
Wasserspielplatz
umziehen
nass
kalt
trocknen
Stöckchen
Spaß
Sand
Damm
Wasserschlacht
spritzen

2 Schreibe, was auf dem Wasserspielplatz passiert.
Verwende die Wörter aus der Gedankensammlung:
Gestern waren wir mit unserer Klasse auf dem …

3 Stelle ein Cluster zum Thema **Schwimmbad** her.

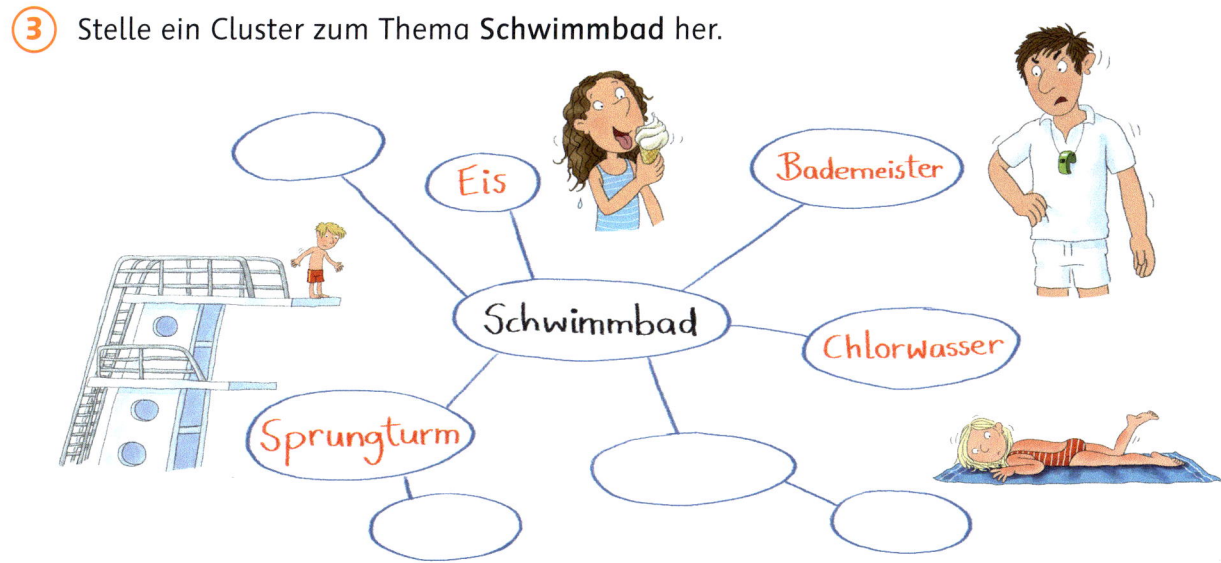

Eis
Bademeister
Schwimmbad
Chlorwasser
Sprungturm

4 Schreibe eine Geschichte zum Thema **Schwimmbad**.

Gedankensammlung als Anregung für eine
Geschichte benutzen; Text zu einer Gedankensammlung schreiben; eine Gedankensammlung anlegen

Texte verfassen S. 142   **69**

Vorlieben aufschreiben und begründen

1 Lest den Text. Ersetzt dabei die Bilder durch passende Selbstlaute.

Maurers haben einen kleinen Garten am S.
Im Sommer verbringen sie oft den ganzen Sonntag dort.
Dann macht jeder, was er mag.
Frau Maurer pflegt ihr kleines Kräuterb t.
Herr Maurer rudert mit dem B t
weit auf den S hinaus.
Dort kann man herrlich schwimmen.
Tim liegt im weichen M s
und liest in seinem Lieblingsbuch.
Lena freut sich über die reifen Erdb ren.

2 Schreibe den Text ab. Setze **ee** oder **oo** ein:
Maurers haben einen kleinen Garten am See. ...

3 Was magst du am Sommer? Was nicht?
Ordne die Stichworte. Du kannst auch eigene dazu schreiben.
Das mag ich: ...   Das mag ich nicht: ...

| lange Sommerferien | Mückenstiche | Urlaub | im Garten grillen |

| Baden im Meer | Gewitter | Sonnenbrand | Hitze | nasse Haare |

| keine Hausaufgaben | Tretboot fahren | Regentage | Erdbeerkuchen |

4 Für welche Sportart interessierst du dich?
Schreibe auf, was du daran magst oder was dir daran nicht gefällt.

Merkwörter mit Doppelvokalen; Stichworte nach eigenen Vorlieben zuordnen; eigene Vorlieben ergänzen; eigene Vorlieben begründen

Wortfamilien

(1) Schreibe den Text ab:
Wie in jedem …

Wie in jedem Jahr findet auch
in diesem Sommer in Melissas Dorf
der Jahrmarkt statt.

Melissa freut sich schon seit Jahresbeginn
darauf und hat sich das Datum
im Jahreskalender dick angestrichen.

Überhaupt findet sie, dass der Sommer
die schönste Jahreszeit ist, denn am 18. Juli
wird sie neun Jahre alt.

(2) Unterstreiche in deinem Text alle Wörter,
die zur Wortfamilie **Jahr** gehören:
Wie in jedem Jahr …

(3) Ordne die Wörter zu Wortfamilien. Unterstreiche den Wortstamm:
Großeltern   Badesee   Anzahl
   …   …   …

Großeltern Badesee Anzahl bezahlen Größe Seeigel größer
   großschreiben Seeufer Nachbarzahl Seehund Mehrzahl
Nordsee Seebär Seerose vergrößern Zahlwort zahlreich großzügig

(4) Bilde Wörter mit dem Wortstamm **jahr**.
Unterstreiche den Wortstamm: Geburtsjahr, …

Wörter mit ck und tz

1 Was passt? Lest den Text und setzt tz oder ck ein.

Gerade beobachteten Hannes und Marie die Bli   e
und waren vom Donner erschro   en.
Vom Himmel fielen di   e Regentropfen.
Aber jetzt reißen die Wolken auf.
Die Straßen werden schon wieder tro   en.
Nur in den Pfü   en ist noch das Wasser.
Die Kinder verlassen das schü   ende Dach.
Sie freuen sich. Wenn sie in die Pfü   en treten,
können sie das Wasser weit spri   en sehen.
Sie fli   en unter der Brü   e hindurch nach Hause.

2 Schwinge und ordne die Wörter mit tz und ck:
tz: Blitze, …
ck: erschrocken, …

Sprich deutlich
und schwinge:
Katze

> Beim Schwingen hörst du kk, beim Schreiben wird daraus ck.
> Ich spreche Glok-ke , ich schreibe *Glo-cke*.

3 Schreibe die Reimwörter auf: blitzen, spritzen, …

blitzen	die Blitze	die Pfütze	die Matratze
spr	die W	die M	die K
s	die S	die St	die T

Merkwörter: (M)
plötzlich
jetzt
zuletzt
trotzdem

4 Schreibe die Wörter zu den Bildern.
Male in jedem Wort ck an: die Mücke, …

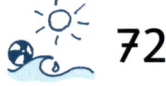
Wörter mit tz und ck mündlich in Text einsetzen;
Wörter mit ck und tz ordnen und als Reimwörter
schreiben; Silbensprechen als Schreibhilfe anwenden

Hier üben wir

1 Übe den Text: oder  oder  oder .

Im Schwimmbad

Lena ist mit ihrem Bruder Tim im Schwimmbad.
Zuerst flitzen sie zur großen Rutsche.
Dann holt Lena sich ein Eis. Hm, ist das lecker!
Aber wo ist Tim?
Sie kann ihn nirgends entdecken.
Da, jetzt sieht sie ihn!
Er tobt mit seinen Freunden im Becken herum.
Lena will sich an den Beckenrand setzen.
Plötzlich stehen die Jungen hinter ihr
und spritzen sie nass.
„Wir wollten dich erschrecken", sagen sie.

| der Bruder |
| das Schwimmbad |
| der Freund |
| das Becken |
| der Rand |
| der Junge |
| flitzen |
| entdecken |
| sehen |
| sie sieht |
| sitzen |
| sich setzen |
| spritzen |
| erschrecken |
| zuerst |
| nass |
| witzig |

 „Das ist nicht witzig", antwortet Lena ärgerlich.
  Aber dann muss sie doch lachen.

2 Schreibe alle Wörter mit tz und ck aus dem Übungstext auf.
 Zeichne die Silbenbögen. Unterstreiche die beiden Merkwörter.
flitzen, ...
lecker, ...

3 Ordne die Wörter nach Wortfamilien. Unterstreiche den Wortstamm.
Schwimmbad,...

erschrecken

Schwimmbad   Schreck   Schwimmring

Spritzpistole   Spritze   schwimmen   spritzen

schrecklich   spritzig

schreckhaft

L Was hast du in diesem Kapitel gelernt? Du kannst zum Beispiel
ein Cluster zum Thema Ferien erstellen.

Übungswörter einzeln und im Textzusammenhang
üben; Wörter mit tz und ck; Wortfamilien; Impuls
Lerntagebucharbeit   **Arbeitstechniken** S. 78–83   **73**

Ich liebe Bücher

Roman

Sachbuch

Geschichtensammlung

Comic

Hörbuch

DVD

(1) Wann lest ihr welches Buch oder wann benutzt ihr welche Medien?
Ordnet die Aussagen der Kinder den Abbildungen zu.

> Ich möchte lange und gemütlich darin lesen.

> Ich mag Bücher, die viele Bilder und weniger Text haben.

> Ich lese lieber kurze Texte.

> Bei langen Autofahrten kann ich nicht gut lesen. Da höre ich mir lieber Geschichten an.

> Hier kann ich mir ganz genau ansehen, wie ein Trick funktioniert.

> Ich möchte mich über ein Thema informieren.

(2) Welche Bücher oder andere Medien benutzt ihr am liebsten?
Was gefällt euch daran?

(3) Stelle in der Klasse dein Lieblingsbuch vor.
Oder: Gibt es ähnliche Medien zum Thema Pferde?
Recherchiere im Internet oder in der Bibliothek.

> Ich lese am liebsten Sachbücher, weil ...

die unterschiedliche Wirkung verschiedener Medien vergleichen und Medien begründet auswählen; das eigene Leseverhalten reflektieren; ein Buch vorstellen

Wörtliche Rede in Geschichten

1 Lies den Comic.

2 Erzähle den Comic mit deinen eigenen Worten.

3 Schau dir die Sprechblasen und Denkblasen an.
Überlege dir passende Redebegleitsätze dafür.

ruft   antwortet   fragt   wundert sich

jammert   weint   denkt   schreit

4 Schreibe den Comic als Geschichte auf. Verwende dabei die Texte
in den Sprech- und Denkblasen als wörtliche Rede in deiner Geschichte.
Eines Nachts lag Max ...

> Geschichten werden **spannender und lebendiger**,
> wenn du die Personen sprechen lässt.

Wörter, Wörter …

① Löst gemeinsam das Rätsel.

Was hat einen Deckel wie der Topf auf dem Herd?
Was hat einen Rücken wie im Stall das Pferd?
Was hat so viel Blätter wie im Garten der Baum?
Was machst du auf wie die Tür hier im Raum?
Du hast es nicht erkannt und hältst es in der Hand.

Margret Rettich

Teekesselchen ist ein Spiel, bei dem ein Wort erraten werden muss, das mehrere Bedeutungen hat.

② Ordne die Fachbegriffe den richtigen Erklärungen zu:
Auf dem Buchdeckel …

Auf dem Buchdeckel	sind die Seiten, auf denen Text und Bilder stehen.
Der Buchrücken	ist die schmale Seite des Buches. Im Regal sieht man nur die Buchrücken.
Die Blätter	sind der Buchtitel und das Titelbild abgedruckt.

③ Lies die Wörter. Informiere dich über Fachbegriffe, die du nicht verstehst.
Ordne die Wörter zu und schreibe den Text auf: Am Anfang …

Verlag   Autor   Buchhandlung   Druckerei

Illustrationen   Titel   Bibliothek

Am Anfang hat der ___ eine Idee. Dann beginnt er zu schreiben.
Das fertige Manuskript schickt er an einen ___.
Zusammen überlegen sie sich einen ___ für das Buch.
Für manche Bücher werden ___ erstellt und auf die Seiten gesetzt.
Wenn alles fertig ist, wird das Buch in der ___ gedruckt.
Dann kannst du es in der ___ kaufen oder in der ___ ausleihen.

④ Das sind Teekesselchenwörter, die etwas mit Büchern zu tun haben.
Kannst du die verschiedenen Bedeutungen erklären?

Absatz   Bogen   Eselsohr   Druck

das Teekesselchenspiel kennen lernen;
Fachbegriffe zum Thema Buch kennen lernen
und richtig verwenden

In der Bibliothek

Eine Bücherei nennt man auch Bibliothek.

(1) Wart ihr schon einmal in einer Bücherei?
Lest den Text und erzählt.

Die Klasse 3b besucht die Stadtbücherei. Frau Kolbe,
die Bibliothekarin, erklärt, wie die Bücher angeordnet sind:
Es gibt unterschiedliche Bereiche, zum Beispiel Bilderbücher,
Kinder- und Jugendliteratur, Sachbücher oder Zeitschriften.
In jedem Bereich sind die Buchtitel alphabetisch nach
dem Nachnamen der Autoren geordnet. Die Bücher
eines Autors sind noch einmal nach dem ABC sortiert.

Nun zeigt Frau Kolbe den Schülern eine lange Regalreihe
mit Sachbüchern. Hier helfen Schlagwörter wie Sport, Tiere oder
Technik, sich zurechtzufinden und das passende Buch aufzuspüren.
„Manchmal hilft es auch, sich den Klappentext durchzulesen
oder die Bilder anzusehen", erklärt die Bibliothekarin.

Zum Schluss erklärt Frau Kolbe noch die Ausleihbestimmungen:
„Mit dem Bibliotheksausweis könnt ihr die Bücher, DVDs
und Spiele kostenlos ausleihen und das Internet nutzen."

(2) Ordne die Buchtitel den passenden Bereichen aus dem Text zu.
Du kannst dir die Buchtitel im Internet genauer ansehen:
Bilderbücher: …

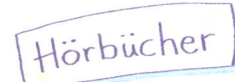

Sommer im Möwenweg

Eddies Lügengeschichten

Das Grüffelokind

Vulkane

Das Lexikon der Saurier

Geolino

Die kleine Raupe Nimmersatt

Das Weltall: Sterne und Planeten

Findet Nemo

(3) Finde zu jedem Schlagwort im Text mindestens vier Sachbuchtitel.
Du kannst dir auch Titel ausdenken.

Mit der Wörterkiste üben

Lege für jedes Übungswort
eine Karteikarte an.
Schreibe das Wort auf die **Vorderseite**.

Auf die **Rückseite** der Karteikarte
kannst du verwandte Wörter schreiben.
Schlage dazu im Wörterbuch nach.

Kontrolliere jeden Buchstaben.
Stecke deine Karte in das Fach
Dosendiktat.

Übe am nächsten Tag die Wörter
als Dosendiktat.

Hast du die Wörter richtig geschrieben,
kommt die Karte ins Fach Partnerdiktat.

War ein Wort falsch, dann steckst du sie
wieder in das Fach Dosendiktat.

So übst du, bis du die Wörter
als Schleichdiktat schreiben kannst.

Groß oder klein?

Wenn du nicht weißt, ob du ein Wort großschreiben
oder kleinschreiben sollst, überlege:

Steht es am **Satzanfang**? Schreibe **groß**.
Ist es ein **Nomen**? Schreibe **groß**.

Alle anderen Wörter schreibst du **klein**.

So erkennst du Nomen:

Probiere, ob du die Artikel
der, die oder das vor das Wort
setzen kannst.

Probiere, ob es das Wort
in der Mehrzahl gibt.
Achtung: Manche Nomen
haben keine Mehrzahl!

Probiere, ob du ein Adjektiv
vor das Wort setzen kannst.

Nomen können durch Pronomen ersetzt
werden.
Ich, du, er, sie, es, wir, ihr, sie (alle) sind
Pronomen.

Wörter verlängern

Bei manchen Wörtern hörst du p, t oder k am Wortende
oder am Wortstammende. Du schreibst aber b, d oder g.
Wenn du unsicher bist, verlängere das Wort.

der Berg — die Berge
der Freund — die Freunde

Bei Nomen kannst du
die Mehrzahl bilden.

er lebt — leben

Bei Verben hilft dir
die Grundform.

gelb — die gelbe Banane
lustig — der lustige Film

Bei Adjektiven kannst du
eine Wortgruppe bilden.
Wenn du immer noch unsicher bist,
schlage im Wörterbuch nach.

Wörter ableiten

Wörter mit e oder ä klingen oft sehr ähnlich,
Wörter mit eu oder äu klingen gleich.
Wenn du unsicher bist, leite das Wort ab.

Du schreibst ä, wenn du
ein verwandtes Wort mit a findest:
Bänke – Bank,
Räder – Rad.

Du schreibst äu, wenn du
ein verwandtes Wort mit au findest:
Träume – Traum,
Schläuche – Schlauch.

Die Schreibkonferenz

In der Schreibkonferenz kannst du dir von Experten
bei deinem Text helfen lassen.

Bestimme deine Experten:
• Verständnisexpertin
• Ausdrucksexperte
• Rechtschreibexpertin

Das Autorenkind liest den Text vor.

Die Experten sagen immer zuerst,
was ihnen gefallen hat.

Gemeinsam wird der Text überarbeitet.

Am Ende bekommt die Lehrerin
den überarbeiteten Text zur Endkontrolle.

Wenn der Text ohne Fehler ist,
kann er veröffentlicht werden,
zum Beispiel in einem Geschichtenbuch.

Ordnen und nachschlagen

1 Ordne die Angebote auf dem Rummel nach dem ABC,
zuerst die auf der linken, dann die auf der rechten Seite:
Achterbahn, ...

Hüpfburg

Geisterbahn

Achterbahn

Riesenrad

Spiegellabyrinth

Kettenkarussell

Schiffsschaukel

Ponybahn

Wasserrutsche

Gondel

2 Ordne die Wörter in den Luftballons nach dem ABC,
zuerst die blauen, dann die roten, dann die grünen:
Haar, ...

Haar

Halm

Handy

rosa

Tapete

Rock

Tafel

Haufen

tanken

Tanne

Taube

Hagel

Tasse

Robbe

Hahn

rot

rollen

Rohr

3 Finde diese Wörter in der Wörterliste: die Ecke, ...

das erste Wort mit E	das letzte Wort mit T
das erste Wort mit S	das letzte Wort mit N
das erste Wort mit L	das letzte Wort mit F

4 Ordne die Süßigkeiten der beiden Verkäufer nach dem ABC.

Lutscher

Lakritzschnecken

Gummischlangen

Gummibärchen

Schaumwaffeln

Schokoriegel

Schokobananen

Bonbons

Schokoküsse

Fruchtgummi

Schokolinsen

Zuckerwatte

Zitronenbrause

Zuckerstangen

Mandeln

Popcorn

5 Suche jedes Wort in der Wörterliste.
Schreibe es mit dem Stichwort darunter auf:
klein – klettern, …

klein • beide • alt • dick • ihr • etwas • grün • still
welche • nass • Verkehr • richtig • Quark • Schmutz

6 Ordne die Namen der Kinder aus jedem Karussell nach dem ABC.

7 Schreibe Sätze, die mit den Buchstaben des ABC beginnen.
Wie weit kommst du?
Alle Kinder gehen gerne auf den Rummel.
Besonders gern mögen sie die Karussells.
Clara mag am liebsten …

Wörter mit doppeltem Mitlaut

① Ordne die Wörter nach ihrer Silbenzahl.
Male die doppelten Mitlaute an:

〜〜〜: Fla**gg**e, …

〜〜〜〜: …

Flagge

Baustelle doppelt Treffer alle
Flagge Gruppe Eiswaffel
essen Füller besser Dachrinne
gewinnen offen Sonnenhut

② Ordne die doppelten Mitlaute richtig zu:
Jammer, …

| tt | mm |

Ja▢er Kerzenfla▢e Schme▢erling Sti▢e Gewi▢er
Ke▢e zusa▢en Ze▢el kle▢ern i▢er ha▢e

③ Finde im Text alle Wörter mit doppeltem Mitlaut. Schreibe sie auf.
Male die doppelten Mitlaute an: wo**ll**en, …

Viele Kinder wollen einen Hund haben.
Hunde sind nämlich tolle Spielkameraden.
Es gibt viele verschiedene Hunderassen,
beispielsweise Schäferhund oder Dogge.
Manchmal können wir Hunde beim Träumen
beobachten. Dann bellen oder knurren sie leise.

Aber: Alle Hundebesitzer brauchen
sehr viel Zeit, Geduld und Geld für ihr Tier.
Nichts ist schlimmer für einen Hund,
als immer allein in der Wohnung zu sein.
Hunde sind Allesfresser und benötigen jeden Tag
eine gehörige Portion an Tierfutter und Wasser.
Auch die Anschaffung selbst ist je nach Rasse sehr teuer.

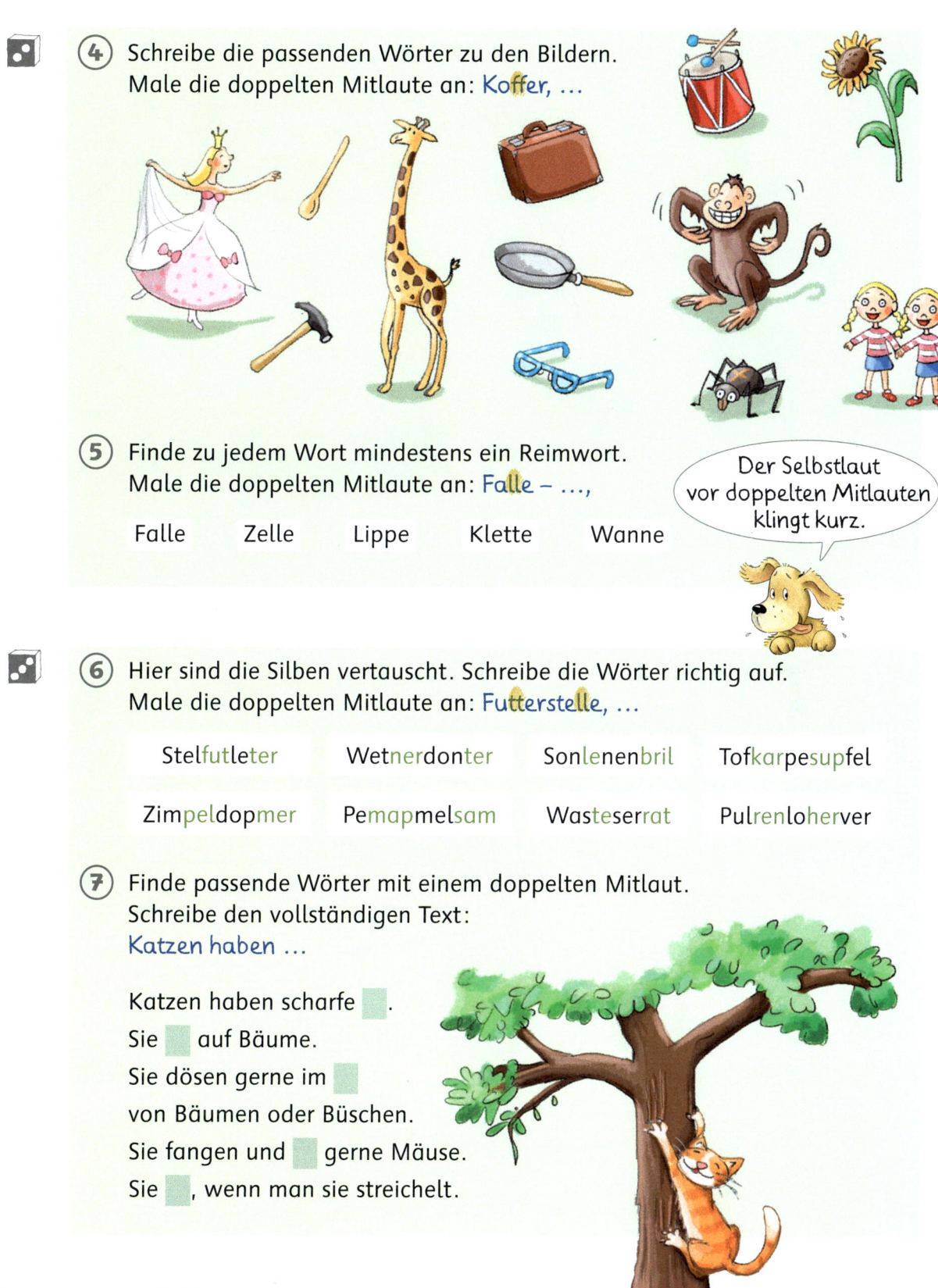

4 Schreibe die passenden Wörter zu den Bildern.
Male die doppelten Mitlaute an: Ko**ff**er, ...

5 Finde zu jedem Wort mindestens ein Reimwort.
Male die doppelten Mitlaute an: Fa**ll**e – ...,

| Falle | Zelle | Lippe | Klette | Wanne |

Der Selbstlaut
vor doppelten Mitlauten
klingt kurz.

6 Hier sind die Silben vertauscht. Schreibe die Wörter richtig auf.
Male die doppelten Mitlaute an: Fu**tt**erstelle, ...

| Stelfutleter | Wetnerdonter | Sonlenenbril | Tofkarpesupfel |
| Zimpeldopmer | Pemapmelsam | Wasteserrat | Pulrenloherver |

7 Finde passende Wörter mit einem doppelten Mitlaut.
Schreibe den vollständigen Text:
Katzen haben ...

Katzen haben scharfe ▮.
Sie ▮ auf Bäume.
Sie dösen gerne im ▮
von Bäumen oder Büschen.
Sie fangen und ▮ gerne Mäuse.
Sie ▮, wenn man sie streichelt.

Wörter mit ck und tz

① Schwinge die Wörter. Ordne die Wörter nach tz und ck:

tz	ck
Kratzer	...

Kratzer   schicken   Zucker   trocken   locker

Pfütze   schwitzen   putzen   anspitzen   Acker   verletzen

platzen   Wecker   glitzern   entdecken   Ecke

② Finde die passenden Reimwörter:
platzen, kratzen, ...

platzen   spritzen   petzen   glotzen

protzen   hetzen   kratzen   anspitzen

erhitzen   setzen   schmatzen   motzen

schwatzen   blitzen   trotzen   zerfetzen

③ Bilde möglichst viele Wörter: Backe, ...

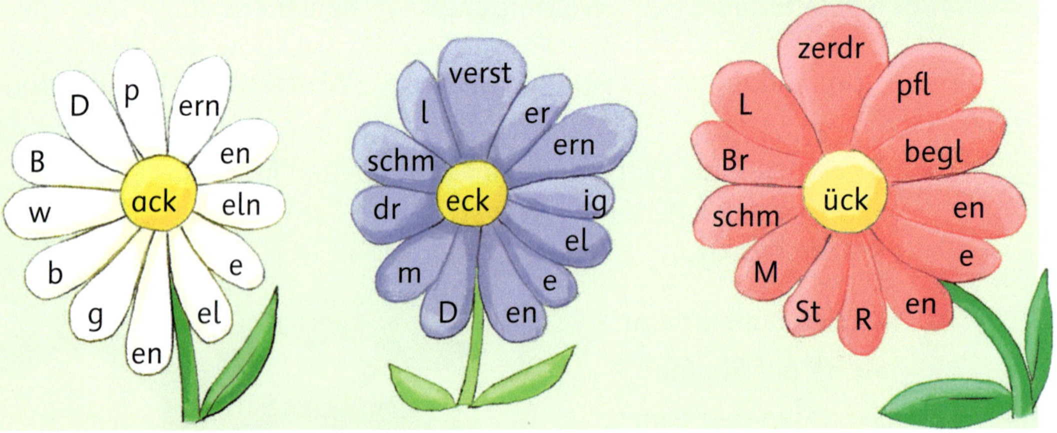

D P ern
B en
w **ack** eln
b e
g el
en

verst
l er
schm ern
dr **eck** ig
m el
D en e

zerdr
L pfl
Br begl
schm **ück** en
M e
St R en

> Beim Schwingen hörst du kk, beim Schreiben wird daraus ck.
> Ich spreche ⟨Glok-ke⟩, ich schreibe *Glo-cke*.

④ Immer drei Verbformen gehören zusammen. Schreibe sie auf:
sie blicken, ihr blickt, du ...

es schmeckt   er packt   wir schlucken   sie blicken

ich entdecke   ihr blickt   ich schlucke

er juckt   du packst   ich schmecke   es juckt

du blickst   wir entdecken   er schluckt

sie jucken   sie schmecken   sie packen   er entdeckt

⑤ Hier stimmt etwas nicht. Schreibe die Wörter richtig auf:
Wolkenkratzer, ...

Wolkenmütze   Zipfelpfütze   Luftkratzer

Regenmatratze   Baunetze   Spinnenklötze

⑥ Ordne zu und finde das Gegenteil:
Die Nadel ist nicht spitz, sondern stumpf.

schmutzig • dick • trocken • kratzig • locker • spitz

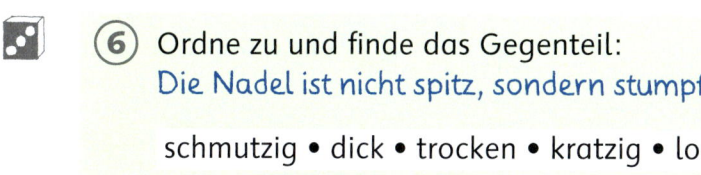

 Nadel    Finger

 Hose    Buch

 Pullover    Schraube

⑦ Finde zu jedem Wort zwei verwandte Wörter:
Blick, anblicken, ...

Blick • Gebäck • Schreck • Schmuck • Platz • Sitz • Schatz • Schmutz

Wörter mit nk und ng

1 Schreibe die Sätze mit den passenden Verben.
Male ng an: Wir spri**ng**en …

singen • hängen • bringen • springen

Wir ☐ manchmal ins Wasser.

Wir ☐ alle Bilder an die Wand.

Wir ☐ unserer Oma Gänseblümchen.

Wir ☐ gerne lustige Lieder.

2 Schreibe die Sätze mit den passenden Verben. Male nk an.

schenken • trinken • winken • schminken

Wir ☐ uns manchmal heimlich
mit Mamas Lippenstift.

Wir ☐ gerne Apfelsaftschorle.

Wir ☐ unseren Eltern ein rotes Herz.

Wir ☐ unseren Nachbarskindern zu.

3 Setze ng oder nk ein. Ordne die Wörter:

ng	nk
fangen	…

fa☐en   zwi☐en   erkra☐en   fu☐eln   verla☐en

geli☐en   schwi☐en   vordrä☐eln   za☐en   sche☐en

da☐en   de☐en   kli☐en   wa☐en   a☐eln

(4) Löse die Rätselsätze und schreibe sie auf. Male ng oder nk an:
Das Gegenteil vom ...

Hunger • Zunge • Onkel • Krankenwagen • Punkt • Anfang

Das Gegenteil vom Ende ist der [ ].
Freche Kinder strecken anderen Menschen die [ ] heraus.
Vergiss am Ende eines Aussagesatzes den [ ] nicht!
Du hast [ ] und möchtest etwas essen.
Der Bruder deiner Mutter ist dein [ ].
Der [ ] darf mit Blaulicht und Martinshorn fahren.

(5) Bilde zusammengesetzte Nomen. Male ng oder nk an:
die Fahrradstange, ...

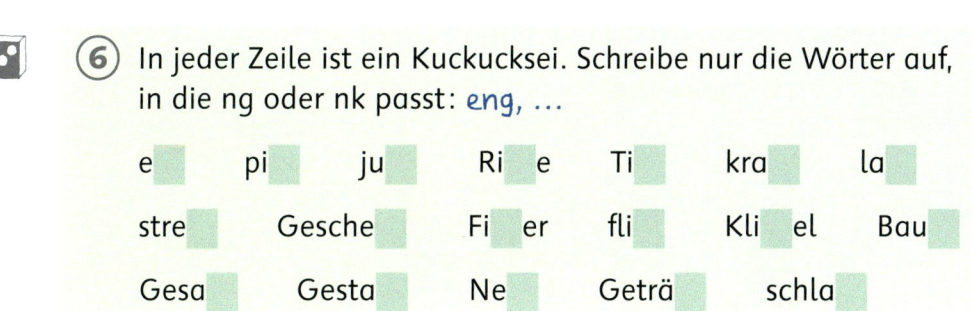

(6) In jeder Zeile ist ein Kuckucksei. Schreibe nur die Wörter auf,
in die ng oder nk passt: eng, ...

e[ ]   pi[ ]   ju[ ]   Ri[ ]e   Ti[ ]   kra[ ]   la[ ]

stre[ ]   Gesche[ ]   Fi[ ]er   fli[ ]   Kli[ ]el   Bau[ ]

Gesa[ ]   Gesta[ ]   Ne[ ]   Geträ[ ]   schla[ ]

(7) Finde die passenden Wörter. Schreibe die Sätze auf:
Viele Menschen singen ...

Viele Menschen s[ ] gerne zusammen mit anderen.
Meine Tauchringe s[ ] auf den Boden des Schwimmbeckens.
Meine Oma hat außer mir noch zwei E[ ].
Ein Bote Gottes mit Flügeln ist ein E[ ].
Gestern h[ ] die zwei Kunstwerke noch an der Wand.
Zwei Spieler h[ ] mit Verletzungen vom Spielfeld.

Viele Mitlaute nebeneinander

1 Lies den Text. Sprich die roten Wortteile sehr deutlich.

Kürzlich haben wir ein Projekt
über Getreide verwirklicht.
Jede Tischgruppe erhielt eine Pflanzenart.
Wir haben die Gerste bekommen.
Aus Zeitschriften, aus Büchern und
im Internet sammelten wir Informationen.
Wir schrieben kleine Texte, zeichneten
und schnitten viele Bilder aus.
Damit gestalteten wir unser Plakat.
Für unseren Vortrag schenkte uns
eine Freundin ein paar Halme,
die wir in der Klasse ausstellen durften.

2 Schreibe die Wörter mit den roten Buchstaben auf.
Male die roten Buchstaben in deinen Wörtern an:
kürzlich, …

3 Setze die Wörter zusammen: Pflasterstein, …

Pflas
stein ter

te
Kat zen
pfo

kel pferd
Schau

ze pflan
Grün

ken
pfle ger
Kran

Stor
chen bel
schna

sel chen
Streu ku

Laut
cher spre

(4) Schreibe den Satz mit der passenden Personalform:
Unsere Katze schleicht ...

schimpfen • schmunzeln • schluchzen • stampfen • schleichen

Unsere Katze ☐ sich lautlos an die Beute heran.

Tim und Leon ☐, weil sie noch nicht schlafen wollen.

Oma ☐, als sie uns das Geschenk überreicht.

Papa ☐, weil unsere Schultaschen im Eingang liegen.

Anna ☐ voller Wut mit dem Fuß auf den Boden.

(5) Ordne richtig zu und schreibe die Wörter.
Kontrolliere mit der Wörterliste:
Bluse, ...

B oder P			D oder T		
☐luse	☐lakat	☐lüte	☐raum	☐rache	☐ropfen
☐latte	☐lume	☐rinz	☐ruhe	☐reppe	☐reieck
☐rille	☐rief	☐reis	☐reck	☐rucker	☐rick

(6) Schreibe die Wörter richtig auf: Getreidepflanze, ...

Gletscherspalte   Kampfsport   Sprachbuch   Getreidepflanze

Drachenblut   Streitschlichter   Saftglas   Kirchenglocke

Baukran   Wassergraben   Schulklasse   Regenkleidung

(7) Schreibe die Wörter zu den Abbildungen auf:
Pfirsich, ...

Verlängern: b, d, g am Wortstammende

① Finde die Wortpaare. Schreibe sie auf.
Male b, d, g am Wortende an:
Abende – Abend, …

| Aben | Köni | Erfol | Sta | Lie | Gra |

| Stäbe | Lieder | Abende | Erfolge | Gräber | Könige |

② Schreibe zu jedem Bild passende Wortpaare:
Könige – König, …

③ Finde im Text die passende Personalform.
Schreibe die Wortpaare: *fragen – sie fragt, …*

| fragen | sagen | schreiben |
| üben | schieben | zeigen |

Anna schreibt einen Text.
Sie zeigt ihn ihrer Mutter und fragt:
„Findest du noch Fehler?"
Sie sagt: „Man schreibt Wetterhahn mit h."
Sie schiebt das Heft wieder zu Anna.
Anna übt das Fehlerwort noch einmal.

> Schreibt man am Wortstammende **b** oder **p**, **d** oder **t**, **g** oder **k**?
> Verlängern mit **alle** hilft beim richtigen Schreiben:
> *Tag – alle Tage, treibt – alle treiben.*

4 Finde zu den Verben in der Grundform die Personalform mit **er**.
Schreibe die Wortpaare: bleiben – er bleibt, …

bleiben	geben	fragen	glauben
heben	jagen	legen	leben

5 Schreibe zu jedem Rätsel die passende Lösung:
Der …

Der Torwart trägt sie an den Händen: _____ .
Du hast es nachts im Bett an: _____ .
Er kommt oft in Märchen vor und trägt eine Krone: _____ .
Darauf kannst du im Park sitzen: _____ .

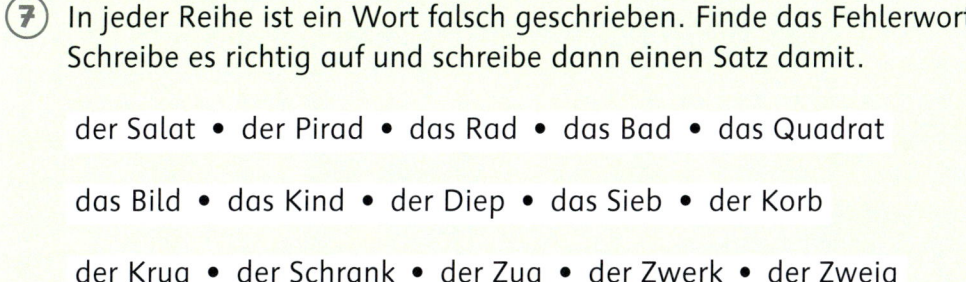

6 Schreibe die Sätze mit den passenden Verbformen:
Heute fliegt …

fliegen • tragen • erleben • legen • schieben

Heute _____ Jan mit seinen Eltern in den Urlaub.
Er _____ den ersten Flug in seinem Leben.
Papa _____ den Wagen mit den schweren Koffern.
Mama _____ eine Tasche unter dem Arm.
Am Schalter wartet eine lange Menschenschlange.
Als Papa an der Reihe ist, _____ er die drei Tickets vor.
Die Dame am Schalter wünscht allen einen guten Flug.

7 In jeder Reihe ist ein Wort falsch geschrieben. Finde das Fehlerwort.
Schreibe es richtig auf und schreibe dann einen Satz damit.

der Salat • der Pirad • das Rad • das Bad • das Quadrat

das Bild • das Kind • der Diep • das Sieb • der Korb

der Krug • der Schrank • der Zug • der Zwerk • der Zweig

Verlängern: Adjektive

① Finde zu jedem Wortzettel das passende Adjektiv im Text:
die gesunde Uroma – gesund, …

die gesunde Uroma	das kalte Wasser
der liebe Uropa	die lustigen Geschichten
der mutige Karl	der laute Schrei
das taube Ohr	die wilden Jungen

Meine Uroma ist richtig gesund.
Nur auf einem Ohr ist sie fast taub.
Ich muss oft laut schreien, damit sie mich versteht.
Manchmal erzählt sie mir Geschichten,
die sehr lustig sind. Früher spielte sie am liebsten
mit ihren Nachbarjungen, Karl und Theo.
Die waren so wild! Bei einem Wettrennen fiel sie
einmal mitten in den Bach. Brr war das Wasser kalt!!!
Mutig sprang Karl hinterher und rettete sie.
Heute ist Karl mein Uropa. Er ist sehr lieb.

② Finde zu jedem Adjektiv ein passendes Nomen
und verlängere das Adjektiv: klug – das kluge Kind, …

das Kind   der Film   der Gewichtheber   die Hose

das Mädchen   der Apfel   das Wetter   die Zöpfe

halb
blond
klug
stark
traurig
trüb
weit
wütend

(3) Zähle die abgebildeten Gegenstände.
Schreibe die Nomen mit den passenden Adjektiven auf:
rund – fünf runde Kugeln, …

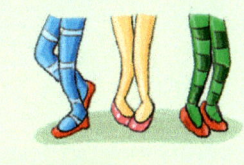

bunt
gelb
gesund
rund
schlank
schräg

(4) Bilde aus den Nomen Adjektive mit -ig. Schreibe mindestens
fünf Adjektive mit einem passenden Nomen auf:
goldig – der goldige Hamster, …

Gold • Dreck • Durst • Lust • Geduld
Vorsicht • Staub • Unschuld

(5) Welche Silbe passt: -lig oder -lich? Die Wörterliste hilft.
Finde zu allen Adjektiven ein passendes Nomen:
der stachelige Igel, …

stache▢   bil▢   ehr▢   hei▢   gefähr▢
fröh▢   ärger▢   langwei▢   gruse▢   natür▢

(6) Schreibe den Text mit den vollständigen Adjektiven:
Ich lese …

Ich lese gerne Abenteuerbücher. Sie sind so spannen▢ .
Neugieri▢ , wie ich bin, lese ich und lese und lese.
Wenn ich aber zu spä▢ schlafe, wird meine Mutter wüten▢ .
Am nächsten Morgen ist meine Laune auch schlech▢ ,
weil ich müde bin. Aber in der Schule werde ich bewundert,
weil meine Fantasie so gu▢ ist.

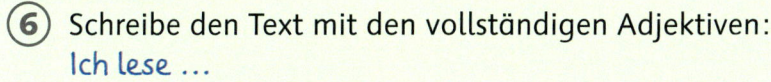

Ableiten: Wörter mit ä und äu

① Was siehst du auf den Bildern? Schreibe die Wortpaare auf:
Zaun – Zäune, …

② Finde verwandte Wörter mit a und au. Schreibe die Wortpaare:
Arm – Ärmel, …

Ärmel   Nächte   Fensterläden   Träume   Mäuse

Gänsehaut   ängstlich   gebräunt   Verkäuferin

③ Schreibe die Sätze mit den passenden Verben.
Achte auf die richtige Personalform:
Uroma feiert ihren …

tragen • blasen • fahren • laufen • halten • gefallen

Uroma feiert ihren 80. Geburtstag.
Mama ☐ mit uns hin.
Uropa ☐ eine Rede.
Uroma ☐ mein Geschenk.
Jana ☐ in die Küche.
Sie ☐ den Kuchen zum Esstisch.
Uroma ☐ die Kerzen aus.

(4) Bilde Wörter mit ä und äu. Finde passende Ableitungen und schreibe die Wortpaare: Vorräte – Vorrat, …

Vorr	erkl	j			te	ren	lle
abz	Abf	Gr	**ä**		mmerlich	hlen	ser

Geb	Eink	aufr			er	men	men
Gem	sch	L	**äu**		fe	fer	de

(5) Schreibe die Wörter zu den Bildern. Finde passende Ableitungen. Schreibe die Wortpaare: Häuser – Haus, …

(6) Lies den Text mit den passenden Lauten: ä oder e, äu oder eu. Finde zu Wörtern mit ä und äu verwandte Wörter mit a und au: Räder – Rad, …

In den Ferien machten wir mit Fr nden einen Ausflug.
Früh morgens holten wir unsere R der und radelten los.
Es ging an bunten Wiesen und großen F ldern vorbei.
Unter großen B men hielten wir die rste Rast.
Wir st rkten uns mit belegten Broten, Obst und Getr nken.
Um uns herum roch es nach H . Hm, wie das duftete!
Wir fuhren weiter. An einem Badesee machten wir ern t Pause.
Ich schloss meine Augen und begann vor mich hin zu tr men.
Plötzlich spürte ich eiskaltes Wasser auf meiner Haut.
Ich schr ckte hoch. Von lautem Gel chter begleitet stand
Samuel mit einer leeren Flasche in der Hand dir kt vor mir.

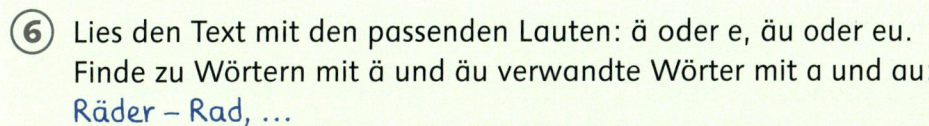

(7) Schreibe den vollständigen Text: In den Ferien …

Merkwörter mit langem i-Laut (M)

1. Lies den Text laut vor. Schreibe danach alle Merkwörter
   mit langem i-Laut heraus: Kilo, …

Anna und Lara gehen einkaufen.
Für Mama müssen sie ein Kilo Mandarinen,
einen Liter Öl, Rosinen und Oliven besorgen.
Fast hätten sie die Margarine vergessen.
Außerdem möchten die Mädchen
eine Flasche Limonade haben. Auf dem Weg
zur Kasse meint Anna: „Hier gibt es Pralinen.
Sollen wir Oma eine Packung schenken?"
„Einverstanden. Mir schmecken diese da prima",
antwortet Lara. Zu Hause sagt Anna zu ihrer Mutter:
„Wir müssen dir noch das Geld für die Pralinen geben."
Mama antwortet: „Das geht schon in Ordnung.
Wir machen daraus einfach ein Familiengeschenk."

2. Was kauft eure Familie ein? Schreibe mindestens fünf Sätze.
   Male das i in wir an: Wir kaufen …

3. Schreibe immer zwei zusammengesetzte Nomen:
   Augenlid, Lidschatten, …

Augen   Lid   Schatten

Daumen   Kino   Karte

Kleider   Fabrik   Halle

Flöten   Musik   Stunde

Manche Wörter werden nur mit i geschrieben,
obwohl der i-Laut lang klingt: *die Maschine, der Tiger, das Benzin.*

(4) Löse die Tierrätsel: Wir haben Stacheln: ...

Tiger • Nilpferde • Pinguine • Biber • Igel • Krokodile • Kaninchen

Wir haben Stacheln: ☐ .
Wir sind sehr schwer: ☐ .
Wir leben in der Antarktis: ☐ .
Wir nagen gerne an Holz: ☐ .
Wir knabbern gerne an Karotten: ☐ .
Wir haben panzerartige Schuppen als Haut: ☐ .
Wir dösen gerne im Schatten von Sträuchern: ☐ .

(5) Finde die passenden Endungen. Ordne die Wörter.
Manchmal passen auch beide Endungen, einmal
für die Einzahl und einmal für die Mehrzahl:
Wörter mit -in: Kamin, ...
Wörter mit -ine: Kamine, ...

Kam	Masch	Trampol	Gard	Term	in
Law	Mediz	Vitam	Benz	Kab	ine
	Kant	Magaz	Apfels		

(6) Schreibe zu den Bildern die Wörter mit i.
Kontrolliere jedes Wort mit dem Wörterbuch: Fibel, ...

(7) Bilde aus den Silben Wörter: Apfelsine, ...

Ap	Kro	Ski	Mu	Man	Ri	Li	Fa
an	**fel**	sik	ko	da	ne	brik	si
	dil	ri	ko	**si**	zug	al	
			ne	ne			

Merkwörter mit h (M)

1. Zähle genau. Schreibe die Zahl zu den jeweiligen Wörtern auf.
   Male in allen Wörtern das h an:
   4 Bilderrahmen, …

> Bilderrahmen • Kaffeebohnen • Kühlschrank
>
> Stuhl • Mehlpackung • Ohrring
>
> Rührbesen • Schlagsahne • Uhr • Wasserhahn

2. Löse die Rätselsätze. Male in jeder Lösung das h an:
   Das Huhn legt Eier. …

> Fohlen • Hahn • Höhle • Huhn • Mähne • Rotkehlchen

Das ▢ legt Eier.

Das ▢ ist das Jungtier eines Pferdes.

Das ▢ ist ein Vogel, der bei uns überwintert.

Der ▢ stolziert auf dem Misthaufen.

Der Löwe hat eine lange und struppige ▢.

Der Bär lebt in einer ▢.

(3) Schreibe die Sätze mit den passenden Wörtern:
Nach dem …

mehreren • Abwehrspieler • vermehrt • Feuerwehr • wehrt

Nach dem Notruf ist die ▢ sofort zur Stelle.

Jonas ▢ sich bei seinem Judokampf tapfer.

Unsere ▢ sind in guter Form.

Seit ▢ Tagen suche ich verzweifelt meine Brille.

Das Unkraut im Garten hat sich stark ▢.

(4) Bilde zu jedem Verb in der Grundform zwei Personalformen:
fahren , ich fahre, er fährt, …

fahren   fühlen   fehlen   berühren   erzählen

gähnen   wohnen   wählen   zahlen

(5) Schreibe die Sätze mit den passenden Pronomen:
Jule fährt mit ihrer Mutter …

ihren • ihrer • ihren • ihm

Jule fährt mit ▢ Mutter zum Kinderarzt.

Seit gestern Abend hat sie Bauchschmerzen.

Der Kinderarzt untersucht gewissenhaft ▢ Bauch

und wundert sich: Alles scheint normal zu sein.

Mutter glaubt ▢. Sie sagt: „Jules Bauchschmerzen

kommen sicher von ▢ vielen Naschereien

in den vergangenen Tagen."

(6) Bilde Wörter und schreibe mit jedem Wort einen Satz:
Das Geburtstagskind sitzt auf einem Ehrenplatz. …

Ehren • Sieger • unehr • ehr • ver

lich • geizig • platz • ehren • ehrung

Merkwörter aus anderen Sprachen

1 Schreibe zu jedem Bild das passende Nomen:
1 Jeans, …

Clown
Klavier
Jeans
Trampolin
Computer
Iglu
Stadion
Mais

2 Viele deutsche Wörter stammen aus der lateinischen Sprache.
Ersetze die lateinischen durch passende deutsche Begriffe:
In den Ferien …

In den feriae besuchen wir manchmal meinen Onkel.
Er arbeitet als medicus. Mit seiner familia wohnt er
in einem kleinen Ort in der Schweiz.
Die strata zu seinem Haus ist sehr schmal.
Wir freuen uns immer auf den leckeren caseus,
den wir dort bekommen.

deutsche
Begriffe:
Mediziner
Straße
Ferien
Käse
Familie

3 Ordne den Wörtern die passende Erklärung zu.
Schreibe ganze Sätze: Eine Bibliothek ist eine …

Bibliothek	offene Feuerstelle
Kamin	Schauspielhaus
Chaos	völliges Durcheinander
Theater	Bücherei

④ Ordne die Speisen ihren Herkunftsländern zu: Speisen aus Italien: ...

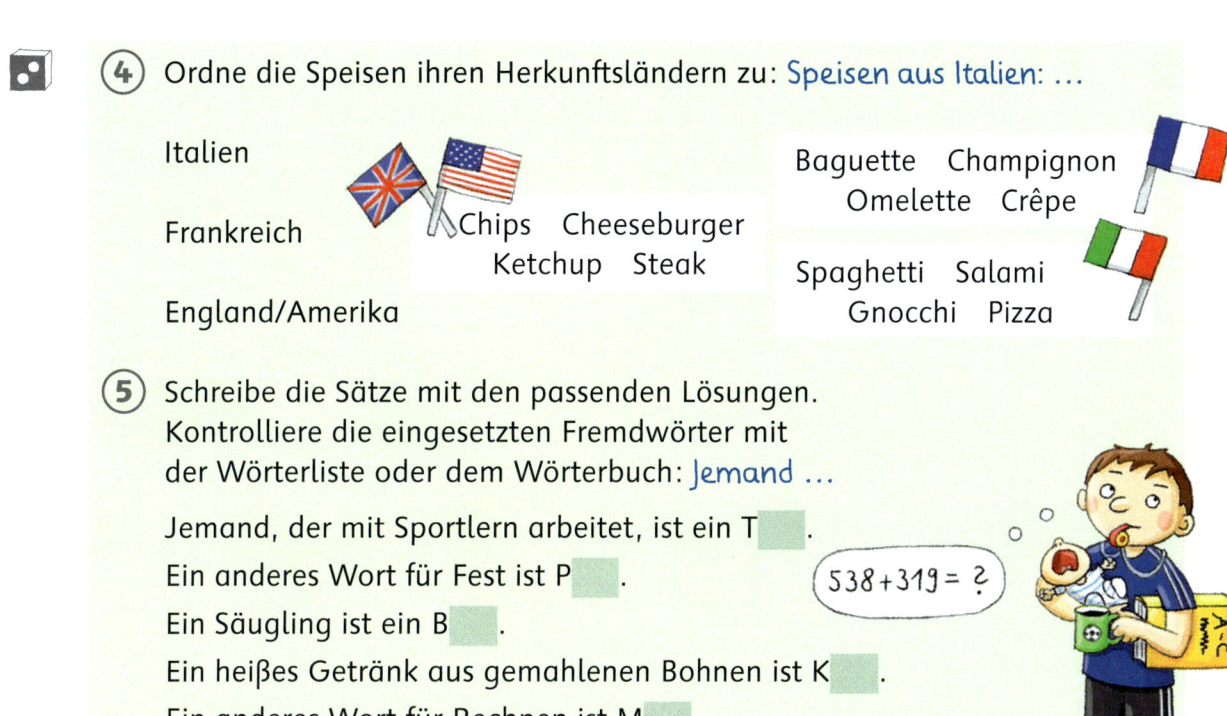

Italien

Frankreich

England/Amerika

Chips   Cheeseburger
    Ketchup   Steak

Baguette   Champignon
    Omelette   Crêpe

Spaghetti   Salami
    Gnocchi   Pizza

⑤ Schreibe die Sätze mit den passenden Lösungen.
Kontrolliere die eingesetzten Fremdwörter mit
der Wörterliste oder dem Wörterbuch: Jemand ...

Jemand, der mit Sportlern arbeitet, ist ein T   .

Ein anderes Wort für Fest ist P   .

Ein Säugling ist ein B   .

Ein heißes Getränk aus gemahlenen Bohnen ist K   .

Ein anderes Wort für Rechnen ist M   .

$538 + 319 = ?$

⑥ Manche Wörter kommen aus der englischen,
manche aus der französischen Sprache. Ordne zu:
englisch: Gentleman, ...   französisch: ...

Gentleman   Cowboy   Bonbon   merci   Shampoo
      Team   Gelee   Bodybuilding   surfen   Croissant
Dessert   Snack   Fan   Raclette   City

⑦ Erkläre die Bedeutung der Wörter. Schreibe in ganzen Sätzen:
Ein Portemonnaie ist ...

Portemonnaie   Shop   Mountainbike

Pyjama   Swimmingpool   Snowboard

Nomen, Artikel, Einzahl, Mehrzahl

1 Was siehst du auf den Bildern?
Schreibe die Nomen mit dem bestimmten Artikel auf:
1 der Apfel, ...

① ② ③ ④ ⑤

⑥ ⑦ ⑧ ⑨

⑩ ⑪ ⑫ ⑬ ⑭

2 Setze vor die Nomen aus Aufgabe 1 die unbestimmten Artikel.
Trage die Wörter in eine Tabelle ein:

ein	eine
ein Apfel	...

3 Finde in jedem Satz das Nomen.
Schreibe es mit dem Artikel in der Mehrzahl auf:
die Wolken, ...

Die Wolke ist sehr dunkel.

Ich laufe in das Haus.

Ich schließe das Fenster.

Ich gucke auf die Straße.

Die Pfütze ist riesig.

Der Hund wird nass.

Nomen bezeichnen Menschen, Tiere, Pflanzen und Dinge.
Nomen haben die **Artikel** der, die, das, ein, eine.
Nomen können in der **Einzahl** und in der **Mehrzahl** stehen:
der Tisch – die Tische, die Tafel – die Tafeln, das Heft – die Hefte.

(4) Finde im Text alle Nomen. Schreibe sie in der Einzahl und in der Mehrzahl mit dem bestimmten Artikel auf:
das Fahrrad – die Fahrräder, ...

Ich fahre mit dem Fahrrad zur Schule.

In meinem Korb habe ich einen Ball.

Wir wollen heute in der Pause damit spielen.

Hoffentlich fällt er nicht auf die Straße!

Geschafft – ich lege ihn erst einmal unter den Tisch.

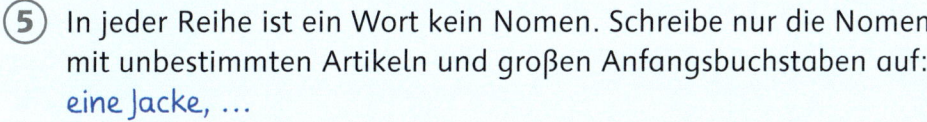

(5) In jeder Reihe ist ein Wort kein Nomen. Schreibe nur die Nomen mit unbestimmten Artikeln und großen Anfangsbuchstaben auf:
eine Jacke, ...

jacke koffer raum schuh bank dünn kerze höhle

tüte vase eng igel brot fuß suppe korb

haar puppe buch krank fahrrad beere teller kleid

(6) Schreibe die Nomen mit Artikel in der Mehrzahl auf.
Male die Buchstaben an, die in der Mehrzahl dazugekommen sind.
Finde zu jeder Endung ein weiteres Nomen:
die Büros, die Sofas, die Mofas, ...

Büro, Sofa, ...

Bild, Kleid, ...

Kerze, Gurke, ...

Brief, Heft, ...

(7) Einige Nomen aus dem Kasten gibt es nur in der Einzahl.
Schreibe diese Nomen mit Artikel auf: die Wut, ...

Wut • Baum • Schreck • Tür • Hunger
Butter • Glück • Loch • Schnee • Hund

(8) Finde weitere Nomen, die es nur in der Einzahl gibt.
Die Wörterliste hilft.

Verben: Grundform und Personalform

① Schreibe den Text ab.
Setze passende Verben ein:
Die Kinder fahren mit ...

streckt • fahren • verletzt • schimpft • sitzen • turnt

Die Kinder ▨ mit dem Bus.
Julia ▨ auf dem Sitz herum.
Mateo ▨ Martha die Zunge heraus.
Der Busfahrer ▨.
Danach ▨ alle Kinder wieder ordentlich
auf ihrem Platz. So ▨ sich niemand.

② Was tust du gerne? Wähle Verben. Schreibe Sätze mit **Ich**.
Überlege dir weitere Verben, die zu dir passen:
Ich hüpfe gerne. Ich ...

hüpfen • rechnen • arbeiten • reisen
laufen • putzen • trinken • singen

Ich schlafe gern lange.

③ Schreibe die Sätze ab.
Unterstreiche in jedem Satz das Verb:
Alle tun etwas: ...

Alle tun etwas:
Ich backe einen Kuchen.
Elisa putzt ihre Schuhe.
Ben und Tim füttern die Katze.
Du erzählst mir einen Witz.
Mama telefoniert mit Oma.
Papa schält die Kartoffeln.

Verben haben eine **Grundform**: *ziehen*.
Verben haben verschiedene **Personalformen**:
ich ziehe, du ziehst, er/sie/es zieht, wir ziehen, ihr zieht, sie (alle) ziehen.

(4) Schreibe auf, was die Kinder in ihrer Freizeit machen.
Unterstreiche die Verben: Anne schiebt den Einkaufswagen.

Siri und Jana • Tom • Felix und Mario • Sara • Anne

(5) Finde in jedem Satz das Verb. Schreibe es
in der Personalform und in der Grundform auf:
sitzt – sitzen, …

Timo sitzt auf seinem Koffer. Frau Müller wartet ungeduldig.
Petra kauft eine Zeitschrift. Anna nimmt die Rolltreppe.
Ich umarme meine Mutter. Der Zug fährt los.

(6) Schreibe jedes Verb in allen Personalformen auf:
ich …, du …

sehen • geben • können • wollen • werfen

(7) Finde alle zwölf Verben im Text:
spielen, trainiert, …

Dieses Spiel nennen die Kinder der Inuit Kaipsak.
Es trainiert die Schnelligkeit und fördert die Geschicklichkeit.
10–20 Kinder sitzen im Kreis. Ein Kind dreht einen Kreisel
und rennt dann schnell um den Kreis.
Bevor der Kreisel wieder ruht, muss sich
das Kind setzen. Dann kommt
das nächste Kind an die Reihe.
Es gewinnt, wer die meisten Runden läuft.

Wortstamm und Endung

① Immer drei Wörter gehören zusammen. Schreibe sie nacheinander auf. Unterstreiche den Wortstamm:

führen, ich führe, er führt, …

ich führe	zeigen	du beginnst	er liegt
sie zeigt	er führt	er beginnt	liegen
führen	ich liege	du zeigst	beginnen

② Schreibe zu jedem Pronomen den Wortstamm mit der passenden Endung. Male die Endung an:

ich gehe, du gehst, …

ich	**geh**	e
du		st
er/sie/es		t
wir	**hör**	en
ihr		t
sie		en

Ich fresse.

③ Finde im Text alle Wörter mit dem Wortstamm **ess**. Schreibe sie auf und unterstreiche den Wortstamm:

Mittagessen, …

Hendrik hat heute ganz allein das Mittagessen gekocht.
Danach hat er auch allein den Esstisch gedeckt.
Weil es heute Suppe gibt, hat er Esslöffel hingelegt.
Seine Schwester Marie findet die Suppe essbar,
aber nicht lecker. Sie möchte nicht alles aufessen.
Mama sagt, dass es ein Festessen für sie ist.
Hendrik wundert sich, dass Mama und Marie
so unterschiedliche Essvorlieben haben.

> Der Wortbaustein, der bei verschiedenen Wörtern gleich oder ähnlich geschrieben wird, heißt Wortstamm: **spiel**en, das **Spiel**zeug.

(4) Setze das Verb **schlafen** in der passenden Form ein.
Schreibe das Gespräch auf: Arne: Sören, schläfst du schon? ...

Arne: Sören, ▢ du schon?

Sören: Ich ▢ noch nicht.

Arne: Kannst du jetzt ▢?

Sören: Mann, sei leise! Ich ▢ schon fast!

Mama: Ihr ▢ ja noch gar nicht!

Arne: Sören ▢ schon.

(5) Schreibe in jeder Reihe nur die Wörter auf, die einen gemeinsamen Wortstamm haben. Unterstreiche in den Wörtern den Wortstamm: Ballspieler, ...

Achtung: Manche Wortstämme verändern sich.

Ballspieler • Spinne • Spielplatz • spielend

gelaufen • Läufer • laut • Laufschuhe

Fahrbahn • verfahren • Fahrzeug • mitführen

(6) Finde zu den Wortstämmen die Personalform mit **er** und die Grundform: er sieht – sehen, ...

sieh   wirf   fäll   häl   nimm   lies   hilf

(7) Schreibe die Sätze mit passenden Verben.
Unterstreiche in jedem Verb den Wortstamm.
Male die Endungen an: Fabian schubst ...

Die Dusche ▢ nicht mehr!

Ihr ▢ nicht vom Beckenrand springen!

Fabian ▢ mich!

Mein Ohrring ▢ im Wasser!

Gegenwart und Vergangenheit

1 Welche Verbformen gehören zusammen?
Schreibe mit **sie** oder **er** in die Tabelle:

Gegenwart	Vergangenheit
sie macht	sie machte
...	...

macht   erklärte   überreichte   zeigte   rollte   erzählt

erzählte   rollt   erklärt   überreicht   machte   zeigt

2 Schreibe den Text in der Vergangenheit. Verwende dabei
die Verben aus Aufgabe 1: Die Klasse 3b machte ...

Die Klasse 3b macht einen Ausflug zur Feuerwehr.
Zwei Feuerwehrmänner zeigen den Kindern
die Ausrüstung und die Fahrzeuge. Der Leiter
erklärt den Ablauf eines Einsatzes und erzählt
von dem letzten Brand. Die Kinder rollen
einen Schlauch aus. Zum Schluss überreicht
die Lehrerin den Feuerwehrleuten Blumen zum Dank.

3 Die Verben stehen in der Gegenwart und in der Vergangenheit.
Schreibe den Text mit den Verben in der Vergangenheit:
Gestern hatte ich ...

Gestern [ ] ich Geburtstag.   habe • hatte

Am Morgen [ ] die Geburtstagskerzen.   brannten • brennen

Meine Eltern [ ] mir ein Lied.   sangen • singen

Auf dem Tisch [ ] die Geschenke.   stehen • standen

Von meiner Schwester [ ] ich einen Flummi.   bekomme • bekam

Er [ ] supertoll aus   sieht • sah

und [ ] unglaublich hoch.   springt • sprang

Zu meiner Geburtstagsparty [ ] viele Freunde.   kommen • kamen

---

Verben zeigen an, von welcher Zeit erzählt wird:
von der Gegenwart (heute) oder der Vergangenheit (früher).
Gegenwart: *Wir spielen.*   Vergangenheit: *Wir spielten.*

(4) Finde das passende Verb. Wähle die Zeitform, die zum Satzanfang passt: Gerade lese …

Gerade [   ] ich ein Buch.

Letztes Jahr [   ] ich an der Nordsee Urlaub.

Heute [   ] wir in das Schwimmbad.

Jetzt [   ] Peter eine Banane.

Gestern [   ] Jona und Leon den Hund.

Vor drei Stunden [   ] der Wecker.

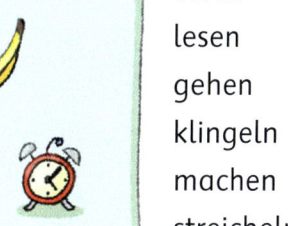

essen

lesen

gehen

klingeln

machen

streicheln

(5) Überlege dir fünf Verben.
Trage sie in eine Tabelle ein:

Grundform	Gegenwart	Vergangenheit
gehen	ich gehe	ich ging

(6) Beschreibe, wie es früher war.
Benutze die Verben in der Vergangenheit:
Mutter kochte auf …

Mutter kocht auf dem Elektroherd.

Vater steckt sein Hemd in die Waschmaschine.

Andreas füllt Wasser in den Wasserkocher.

Anna knetet den Kuchenteig mit dem Mixer.

Oma sitzt vor der Heizung.

Kohleherd

Waschbottich

Hand

Kachelofen

Wasserkessel

Zusammengesetzte Nomen und Verben

① Bilde zusammengesetzte Nomen. Schreibe sie mit Artikel auf: die Haustür, …

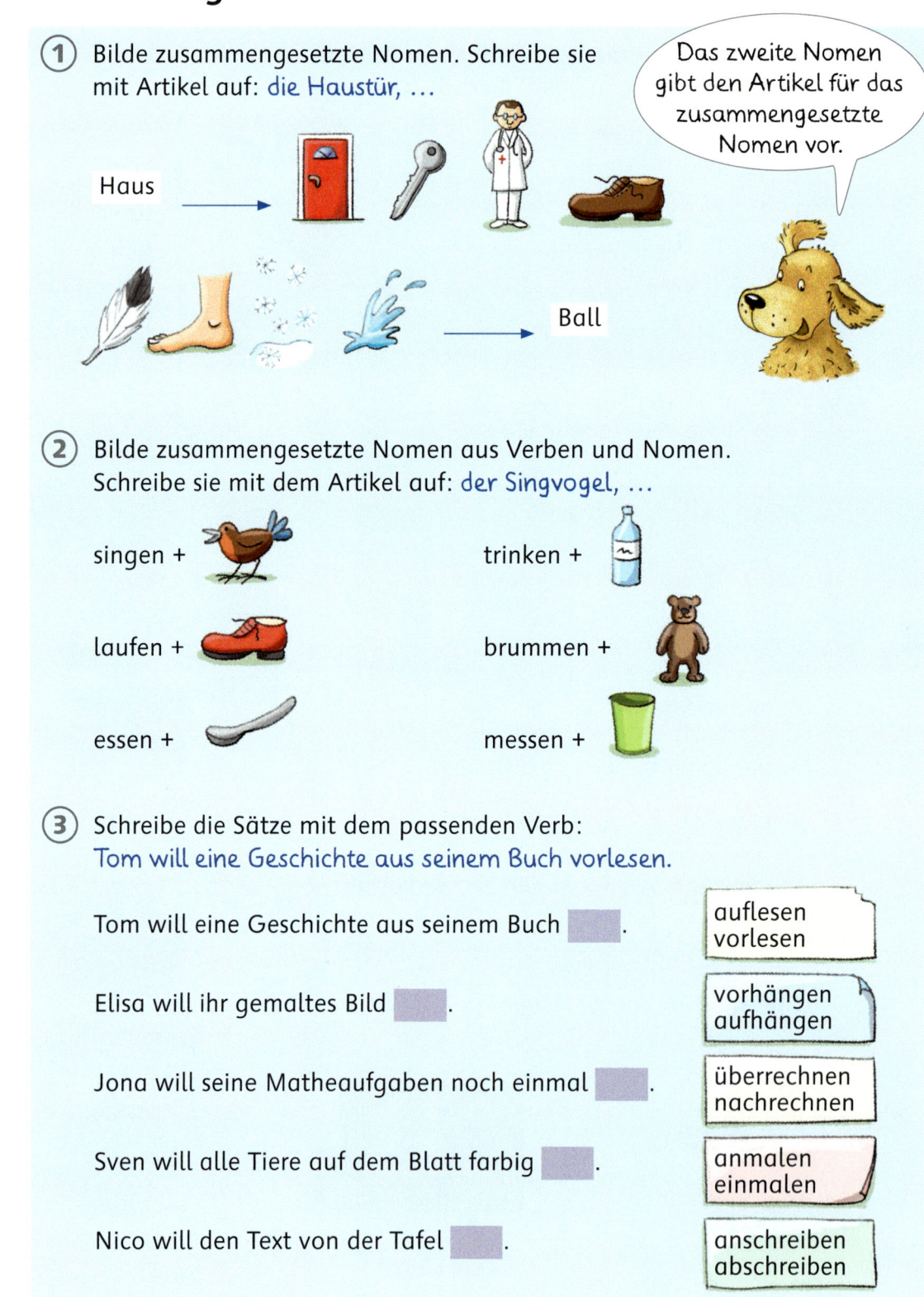

Das zweite Nomen gibt den Artikel für das zusammengesetzte Nomen vor.

Haus →

→ Ball

② Bilde zusammengesetzte Nomen aus Verben und Nomen. Schreibe sie mit dem Artikel auf: der Singvogel, …

singen + 

trinken + 

laufen + 

brummen + 

essen + 

messen + 

③ Schreibe die Sätze mit dem passenden Verb: Tom will eine Geschichte aus seinem Buch vorlesen.

Tom will eine Geschichte aus seinem Buch ___.

auflesen
vorlesen

Elisa will ihr gemaltes Bild ___.

vorhängen
aufhängen

Jona will seine Matheaufgaben noch einmal ___.

überrechnen
nachrechnen

Sven will alle Tiere auf dem Blatt farbig ___.

anmalen
einmalen

Nico will den Text von der Tafel ___.

anschreiben
abschreiben

S. 34 Arbeitsheft

(4) Finde die zusammengesetzten Nomen und trenne sie:
Turnbeutel: turnen + ...

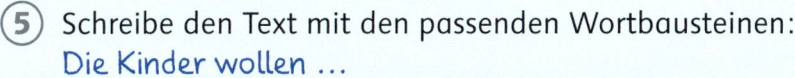

Ina holt ihren Turnbeutel aus dem Flurschrank.
Sie packt ihre Laufschuhe und die Trinkflasche ein
und geht los. Auf dem Spielfeld ist schon viel Betrieb.
Ina hält den Torschuss gerade noch,
aber jetzt ist ihr Ringfinger geprellt!
Sie braucht eine kurze Ruhepause.

(5) Schreibe den Text mit den passenden Wortbausteinen:
Die Kinder wollen ...

Die Kinder wollen den Kletterpark ▮ suchen.
Sie ▮ reden ihren Vater, der sie ▮ bringt und
den Eintritt ▮ zahlt. Die Kinder müssen nun
Helme ▮ setzen und Sicherheitsgurte ▮ legen.
Nun kann es ▮ gehen. Es macht so viel Spaß,
dass die Kinder am liebsten nicht mehr ▮ hören wollen.

hin-
be-
auf-
an-
los-
über-

(6) Mit den zusammengesetzten Nomen
stimmt etwas nicht! Schreibe die Sätze richtig auf:
Das Gespenst Richard flüstert ein Grußwort ...

Das Gespenst Richard flüstert
ein Grußturm und fliegt auf den Kirchwort.
Der Riese Flo fällt eine Holzboden
hinunter und landet auf dem Fußtreppe.
Die Fee Mia hat einen neuen Ohrspange
und eine neue Haarring.
Der Drache Hans macht eine Gartenbeet
in seinem Gemüseparty.
Die Hexe Trixi holt ihren Zauberschrank
aus dem Kleidertrunk.

Adjektive

1 Welche Adjektive passen zu den Tieren?
Schreibe Sätze auf: Der Esel ist grau. ...

giftig
klein
grau
schwarz
bunt
blind

2 Hier stimmt etwas nicht!
Schreibe die Nomen mit passenden Adjektiven auf:
der schlaue Fuchs, ...

der dumme Fuchs   der schwere Floh

die schnelle Schnecke   das leichte Nilpferd

der dünne Elefant   die faule Biene

die große Ameise   der schwache Bär

3 Was ist das für ein Tier? Beschreibe die Körperteile.
Nutze dabei Adjektive. Unterstreiche alle Adjektive:
Die Ohren sind groß.

Fell

Ohren

Zähne

Augen

Schwanz

Krallen

Adjektive beschreiben, wie etwas oder jemand ist.
Wenn Adjektive vor Nomen stehen, verändern sie sich:
Der Acker ist leer. – der leere Acker
Wörter mit dem Wortbaustein -ig und -lich sind Adjektive:
vorsichtig, luftig, freundlich, ängstlich.

4 Verwandle die Nomen in Adjektive mit
den Wortbausteinen -ig und -lich: der Nebel – neblig, ...

Nebel   Fest   Schmutz   Hunger   Eis   Tag   Herz   Winter   Trauer

-ig   -lich

5 Trenne die zusammengesetzten Adjektive:

Wort	Nomen	Adjektiv
steinhart	der Stein	hart

stein hart   strohdumm   butterweich

riesengroß   rabenschwarz   feuerrot

6 Schreibe aus jeder Reihe nur die Adjektive auf: falsch, ...

falsch springt lustig müde laufen spitz schnell

süß fremd laut schön nass rennt spritzen

kühl ehrlich fliegt breit grün lesen schwer

vorsichtig weich waschen pünktlich fährt tief

7 Bilde zusammengesetzte Adjektive.
Schreibe die Sätze auf.

Das Auto rast ▢ um die Ecke.
Die Braut trägt ein ▢ Hochzeitskleid.
Das große Wattepaket ist ▢.
Im Märchen sind Prinzessinnen meistens ▢.
Bei minus 10 Grad war es gestern ▢.

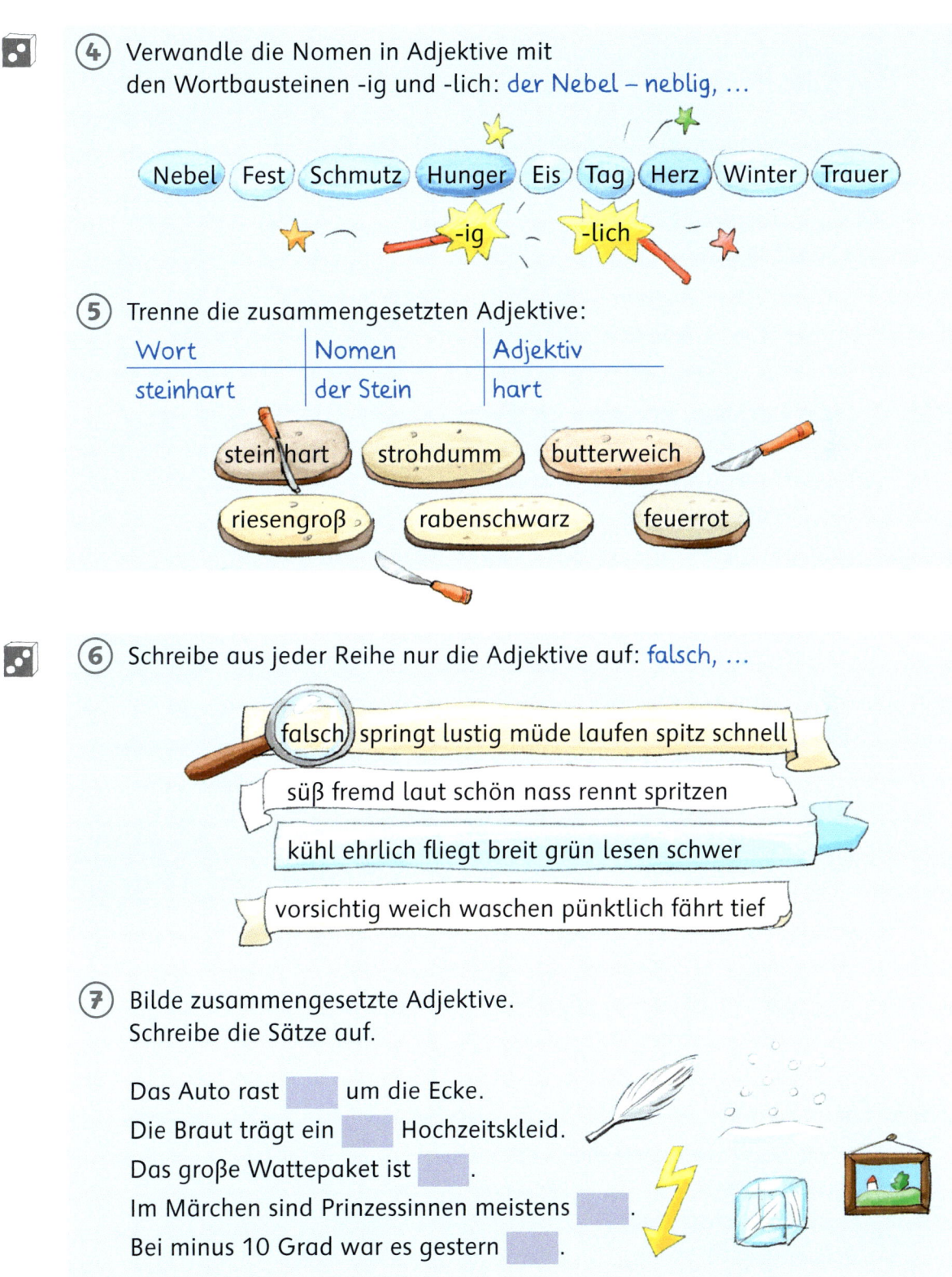

Vergleichsstufen

1 Schreibe die Sätze mit passenden Adjektiven auf:
Luis ist nach dem Training schmutzig, aber …

Luis ist nach dem Training ▢,
aber Johann ist noch ▢.
Die Trompete klingt ▢,
das Schlagzeug aber noch ▢.
Omas Paket ist zwar ▢,
aber Opas Paket ist noch ▢.
Der Baum ist ziemlich ▢,
das Hochhaus ist aber noch ▢.

> schmutzig
> schmutziger

> hoch
> höher

> schwer
> schwerer

> laut
> lauter

2 Beantworte die Fragen in kurzen Sätzen:
… ist am dünnsten.

Wer ist am dünnsten?

Wer ist am schnellsten?

Wer ist am kleinsten?

Wer ist am hungrigsten?

SIEGER
beim 100 m-Lauf
1. Franzi
2. Marek
3. Tim

Mit Adjektiven kann man vergleichen.
Grundform: *Die Maus ist klein.*
1. Vergleichsstufe: *Die Schnecke ist kleiner.*
2. Vergleichsstufe: *Die Ameise ist am kleinsten.*

3 Schreibe den Text ab.
Unterstreiche in jedem Satz das Adjektiv:
Die Kinder erkunden <u>neugierig</u> …

Die Kinder erkunden neugierig Dinge:
Anne und Karl gucken sich alte Baumstücke an.
Das Stück mit 20 Ringen ist am ältesten.
Janne und Janko betrachten neue Thermometer.
Wenn es wärmer wird, dehnt sich die Flüssigkeit
im Glasröhrchen aus und steigt.
Nur Fabian und Steffi sind nicht fleißig.
Am schönsten finden sie es,
aus dem Fenster zu gucken.

4 Suche aus der Wörterliste fünf Adjektive heraus.
Schreibe die Grundform und beide Vergleichsstufen auf:
lang, länger, am längsten, …

5 Vergleiche das Wetter in den Städten. Nutze dabei
Adjektive in der Grundform und in den Vergleichsstufen:
In Hannover gibt es mehr Regentage als …

viel • warm • kalt • wenig

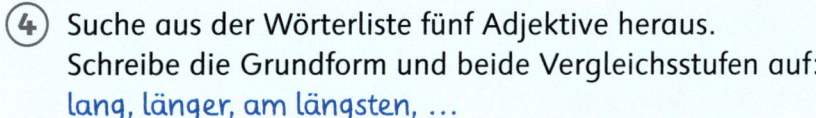

	Berlin	Stuttgart	Hannover	Hamburg
Durchschnittstemperatur im Juli	18,5 °C	17,6 °C	17,4 °C	17 °C
Durchschnittstemperatur im Dezember	1,1 °C	0,3 °C	1,8 °C	1,8 °C
Regentage im Jahr	166	167	173	190
Sonnenscheinstunden im Jahr	1818	1814	1610	1630

Wortfamilien

1 Schreibe alle Wörter zur Wortfamilie **strahl** heraus:
Mondstrahl, …

Als Jan aufsteht, ist draußen nur
ein schwacher Mondstrahl zu sehen.
Der Taschenlampenstrahl leuchtet ihm
den Weg hinaus aus seinem Zimmer.
Aus der Küche kommt ein heller Lichtstrahl.
Jan öffnet die Tür. Seine Mutter strahlt ihn an:
„Alles Gute zum Geburtstag", sagt sie
und überreicht ihm ein kleines Päckchen.
Mit strahlenden Augen packt Jan das Handy aus,
das er sich so lange gewünscht hat.

2 Ordne die Wörter nach ihren Wortfamilien.
Unterstreiche in jeder Wortfamilie den Wortstamm:

ahnen   Herbstanfang   paarweise
…   …   …

ahnen   Herbstanfang   Ahnung   paarweise   Ehepaar

herbstlich   Herbstmonat   Paarung   Herbstlieder

geahnt   Herbstzeit   erahnen   Wortpaar   ahnungslos

3 Schreibe die Sätze mit den passenden Wörtern.
Unterstreiche immer den Wortstamm:

spät • verspätete • Verspätung • später • Spätschicht

Gestern ▢ sich der Schulbus.
Daher kam Eva zu ▢ zur Schule.
Eva erzählte ihrer Lehrerin von der ▢
des Busses. ▢ spielte sie mit ihren
Freundinnen auf dem Schulhof.
Am Abend war Eva mit ihrer Mutter allein
zu Hause, weil ihr Vater zur ▢ musste.

(4) Bilde Wörter mit dem Wortstamm **zahl/zähl**.
Unterstreiche in jedem Wort den Wortstamm:
Aus<u>zahl</u>ung, …

Aus		ig
An		bar
Ein	zahl	t
un	zähl	ung
ge		reich
be		enstrahl
Schnaps		

(5) Schreibe nur die Wörter, die zur Wortfamilie **viel** gehören.
Unterstreiche den Wortstamm:
<u>viel</u>fältig, …

vielfältig   vielleicht   vielfach   Vieleck   viereckig

Vielfalt   viel   fielen   Viertelstunde   viele   vielerlei

(6) Ordne die Wörter nach Nomen, Verben und Adjektiven.
Unterstreiche in allen Wörtern den Wortstamm **wachs**:
Nomen: …, Verben: …, Adjektive: …

wachsen   Erwachsener   bewachsen   Wachsmalstifte

wachsweich   Wachstum   Gewächshaus

Gewächs   Kerzenwachs   erwachsen   anwachsen

(7) Ordne die Wortfamilien. Finde zu jeder Wortfamilie
noch mindestens zwei weitere Wörter:
wechs: …
groß: …
…

größer   wechselhaft   wöchentlich   Verwechslung

Projektwoche   vergrößern   wochenlang   Reifenwechsel   Großvater

Satzglieder

① Verlängere den Satz immer um ein weiteres Satzglied:
Felix rennt. Felix rennt …

Felix rennt   am Nachmittag   bei Regen

mit seinem Freund   durch den Wald

② Bilde aus den Satzgliedern mindestens sechs Sätze:
Tim und Anne …

Tim und Anne	spielen	im Wald	mit ihren Freunden
		auf der Wiese	Ball
Julia	spaziert	mit ihrem Vater	um den See
		mit ihrem Hund	zum Eiswagen
Mirko	beobachtet	die Kinder	auf dem Baum
		den Vogel	auf dem Spielplatz

③ Ordne die Satzglieder jeder Zeile zu einem richtigen Satz.
Denke an den großen Satzanfang und an das Satzzeichen: Die …

sehen   ein Eichhörnchen   die Kinder   im Wald

springt   von Ast zu Ast   das Eichhörnchen   schnell

die Vögel   sofort   aus dem Baum   fliegen

eine Maus   unter einen Blätterhaufen   läuft   ängstlich

finden   den Wald   die Kinder   toll

Ein Satz besteht aus mehreren **Satzgliedern**.
Ein Satzglied kann ein Wort oder mehrere Wörter haben.
Satzglieder kann man vertauschen:

Leon und Malte   *sammeln*   *eifrig*   *Fußballbilder* .

Eifrig   *sammeln*   *Leon und Malte*   *Fußballbilder* .

(4) Bilde mindestens fünf unterschiedliche Sätze:
Mit einer Taschenlampe …

gehen   zwei Männer   durch den Park

         mit einer Taschenlampe   nachts

(5) Stelle die Satzglieder so um, dass Fragesätze entstehen:
Suchen die Männer …?

die Männer   auf dem Spielplatz   suchen   ihren Hund

frierend   der Hund   sitzt   unter einem Baum

findet   eine ältere Dame   den Hund   zufällig

sie   bringt   zum Fundbüro   den Hund

(6) Immer derselbe Anfang! Stelle die Satzglieder um:
Clara und Jan sitzen auf Klappstühlen am Teich.
Abwechselnd …

Clara und Jan	sitzen	auf Klappstühlen	am Teich.
Sie	erzählen	abwechselnd	lustige Witze.
Sie	lachen	dabei	immer wieder.
Sie	kippeln	beim Lachen	vor Begeisterung.
Sie	fallen	rückwärts	in den Teich.

(7) Stelle den Satz so oft wie möglich um.
Unterstreiche die Satzglieder in verschiedenen Farben.

Der Junge erzählt seinem Vater
oft spannende Gruselgeschichten.

Die Wörter, die immer
zusammenstehen, bilden
ein Satzglied.

Subjekt und Prädikat

1 Was **tun** die Personen? Schreibe die Sätze ab.
Unterstreiche in jedem Satz das Prädikat rot:
Der Jogger rennt um den See.

Der Jogger rennt um den See.
Die Kinder spielen auf dem Spielplatz.
Der Radfahrer schiebt sein Fahrrad.
Ein alter Mann füttert die Enten.
Der Gärtner mäht den Rasen.

2 **Wer oder was** fliegt vorbei? Schreibe Sätze auf.
Unterstreiche in jedem Satz das Subjekt blau:
Das Flugzeug fliegt vorbei.

3 Wer tut was? Schreibe kurze Sätze.
Unterstreiche Subjekte blau und Prädikate rot:
Kai schreibt. ...

Das **Prädikat** ist ein Satzglied.
Nach dem Prädikat fragt man mit „Was tut ...?"
Das **Subjekt** ist ein Satzglied.
Nach dem Subjekt fragt man mit „Wer oder was ...?"
Subjekt und Prädikat passen in einem Satz zusammen.
Sie sind der Satzkern.

4 Schreibe die Sätze mit passenden Subjekten.
Unterstreiche in jedem Satz das Subjekt:
<u>Die Gärtnerin</u> pflegt die Blumenbeete.

	pflegt die Blumenbeete.	eine alte Frau
	sitzt auf der Bank.	die Gärtnerin
	verkauft Getränke.	der junge Hund
	spielt mit Tim auf der Wiese.	der Imbissverkäufer
	jagt den Tauben nach.	Anne

5 Finde passende Prädikate. Bilde mit den Satzgliedern Sätze:
Die junge Frau schiebt ...

über den Rasen   die junge Frau   den Kinderwagen

auf dem Fahrrad   Doris   freihändig

auf der Bank   Süßigkeiten   Micha und Dominik

mit seinem Freund   einen Tunnel   Florian

6 Ersetze **Sie** dreimal durch unterschiedliche
Subjekte: Zwei ... überfallen eine Bank.
Sie überfallen eine Bank.
Sie fordern viel Geld.
Sie bekommen eine Tüte.
Sie rennen davon.
Sie verstecken sich hinter einem Baum.
Sie öffnen die Tüte – es sind nur Bonbons drin!

7 Schreibe Sätze zu den Bildern. Unterstreiche in jedem Satz
das Subjekt blau und das Prädikat rot.

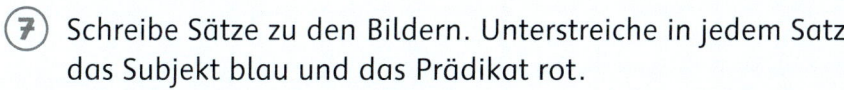

Wörtliche Rede und Redebegleitsätze

① Schreibe die wörtliche Rede auf. Achte auf die Redezeichen:
„Was frisst …?"

Achmet beobachtet Maxi im Käfig. Er fragt Peter:

„Was frisst denn dein Meerschweinchen?"

Peter zeigt auf die Futterstelle und erklärt:

„Es frisst gern frisches Grünzeug, Möhren und Löwenzahn.
Zu trinken gibt es Wasser." Achmet streichelt das Meerschweinchen.
Er fragt: „Wollen wir Maxi aus dem Käfig lassen?"
Peter ruft: „Oh, nein! Er versteckt sich immer hinter den Möbeln."

② Schreibe das Gespräch auf. Denke an die Redezeichen:
Peter fragt: „Hast du auch …?"

Peter fragt: Hast du auch ein Haustier?

Achmet sagt: Nein, aber ich wünsche mir eines zum Geburtstag.

Peter erkundigt sich: Wann hast du Geburtstag?

Achmet antwortet: Nächsten Mittwoch.

Peter meint: Was für ein Tier wünschst du dir denn?

Achmet sagt: Einen Pudel.

> Was gesprochen wird, heißt **wörtliche Rede**. Sie steht in Redezeichen.
> Der **Redebegleitsatz** gibt an, wer spricht:
>
> *Tom sagt:*   *„Wir räumen das Klassenzimmer auf."*
>
> Redebegleitsatz   Wörtliche Rede

③ Finde zu jedem Redebegleitsatz die wörtliche Rede.
Denke an den Doppelpunkt und an die Redezeichen:
Max fragt: „…?"

Seid doch mal alle leise!

Ich habe meinen Text vergessen!

Das ist aber ein tolles Theaterstück.

Die Plätze in der Aula sind alle besetzt.

Wer hat mein Kostüm gesehen?

Max fragt:

Nina jammert:

Die Lehrerin bittet:

Ein Vater lobt:

Lisa berichtet:

④ Schreibe den Text mit anderen Verben als **sagen**.
Setze die wörtliche Rede in Redezeichen:
Mutter verkündet: „Ich habe euch …"

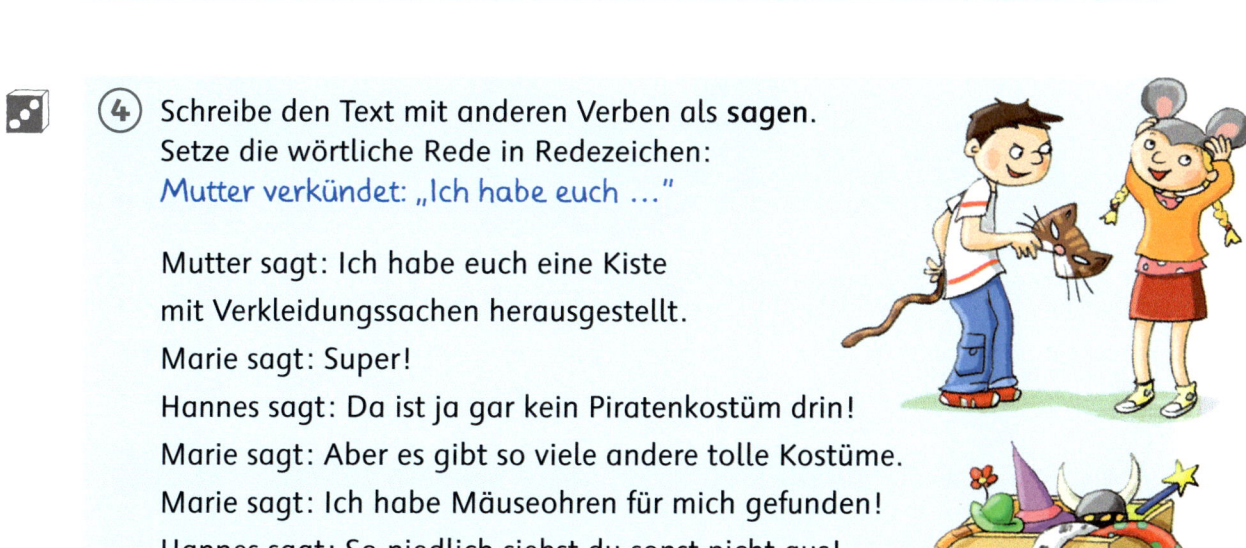

Mutter sagt: Ich habe euch eine Kiste
mit Verkleidungssachen herausgestellt.

Marie sagt: Super!

Hannes sagt: Da ist ja gar kein Piratenkostüm drin!

Marie sagt: Aber es gibt so viele andere tolle Kostüme.

Marie sagt: Ich habe Mäuseohren für mich gefunden!

Hannes sagt: So niedlich siehst du sonst nicht aus!

Hannes sagt: Ich verkleide mich als Katze,
dann darf ich dich jagen!

Wörter, Wörter ...

① Mit den Sätzen stimmt etwas nicht!
Verändere immer einen Buchstaben in den roten Wörtern.
Schreibe die richtigen Sätze auf:
Im Wald laufen zwei Hasen.

Im Wald laufen zwei Hosen.

Mit meinem Bad fahre ich gern.

Das Harz habe ich für Mama gebastelt.

Jeden Morgen gehe ich in die Schale.

Das Wasser fließt im Buch.

Der Tisch schmeckt wirklich gut.

Die Quelle schwimmt im Meer.

Auf dem Boden liegt viel Schmatz.

② Bilde mit Hilfe der Bilder zusammengesetzte Nomen.
Wie viele findest du? Schreibe sie auf.
Eis + Bär = Eisbär, ...

③ Löse die Geheimschrift.
Schreibe den Satz auf.

| 4-1-19 | 9-19-20 | 7-1-18 |

| 14-9-3-8-20 | 19-3-8-23-5-18 |

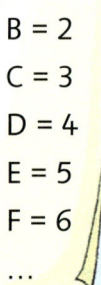

A = 1
B = 2
C = 3
D = 4
E = 5
F = 6
...

④ Schreibe selbst einen Satz in dieser Geheimschrift.
Ein anderes Kind darf sie entziffern.

(5) Wörter, die zwei Bedeutungen haben, nennt man Teekesselchen.
Wähle vier Wörter und schreibe zu jeder Bedeutung einen Satz:
Zum Hemd kann man eine Krawatte oder eine Fliege tragen.
An der Wand sitzt eine Fliege.

Fliege • Bank • Hahn • Schloss
Blatt • Kiefer • Flügel • Löffel

(6) Enträtsle die Geheimschrift: Mondscheinspaziergang, …

Mondsch1paziergang   ver2feln   11enbein   Tortensch8el

Re4förster   Kla4taste   Kirsch2ge   Run3se   Nag11eile

(7) Ordne die Redensarten den passenden Erklärungen zu:
wissen, wie der Hase läuft – …

wissen, wie der Hase läuft	ohne Unterbrechungen sprechen
kalte Füße bekommen	einen kleinen Fehler bemerken
wie ein Wasser-fall sprechen	Bescheid wissen
ein Haar in der Suppe finden	Angst bekommen

(8) Finde die Wörter, die sich durch die Kästen schlängeln.

V	O	G
N	L	E
E	S	T

M	L	A
A	E	D
R	M	E

L	E	I
E	S	P
T	A	R

Informationen für Sachtexte

1 Schreibe den Text ab. Setze die Zwischenüberschriften aus dem Kasten an den passenden Stellen ein:
Lage
Dänemark ist der…

▮

Dänemark ist der nördlichste
Nachbar Deutschlands.
Sonst ist das Land von der Nordsee
und der Ostsee eingeschlossen.

▮

In Dänemark leben ungefähr
5,5 Millionen Menschen.

▮

Die Hauptstadt heißt Kopenhagen.

▮

In Dänemark bezahlt man
mit dänischen Kronen.

▮

Bekannt ist das dänische Märchen
„Die kleine Meerjungfrau".
Dänemark war zusammen mit
anderen Ländern Heimat der Wikinger.

Zwischenüberschriften
Lage
Bevölkerung
Hauptstadt
Währung (Geld)
Besonderheiten

2 Ordne die Sätze nach den Zwischenüberschriften im Kasten: Spanien liegt …

In Spanien leben ungefähr 47 Millionen Menschen.

In Spanien zahlt man wie in Deutschland mit dem Euro.

Spanien liegt im Südwesten Europas.

Ein bekannter spanischer Tanz ist der Flamenco.

Viel Gemüse, das man bei uns kaufen kann, kommt aus Spanien.

Die spanische Hauptstadt ist Madrid.

3 Nicht alle Informationen über Polen sind wichtig.
Schreibe nur die wichtigen Informationen auf:
Polen ist ein ...

Polen ist ein Nachbar
Deutschlands im Osten.
In Polen gibt es Städte und Dörfer.
Polen liegt an der Ostsee.
Die Hauptstadt heißt Warschau.
Auch in Polen legen die Hühner Eier.
In Polen leben ungefähr
38 Millionen Menschen.
Man bezahlt in Polen mit Zloty.
In Polen fahren die meisten
Autos mit Benzin.
Die meisten Weihnachtsgänse
kommen aus Polen.

4 Schreibe einen Text über Griechenland.
Oder: Wähle selbst ein Land und
schreibe einen kurzen Text darüber.

Griechenland
Lage: im östlichen Mittelmeer, viele Inseln
Bevölkerung: etwa 11 Millionen Einwohner
Hauptstadt: Athen
Währung: Euro
Besonderheiten: viele alte Bauwerke
Ursprungsland der Olympischen Spiele

Stichworte für Sachtexte

**① Schreibe alle Stichworte ab,
die zu der abgebildeten Sportart passen:**
Spielfeld mit abgerundeten ...

- Ball darf einmal den Boden berühren
- Puck (= Spielscheibe) muss ins Tor
- rechteckiges Spielfeld
- mit Netz in der Mitte
- Spielfeld mit abgerundeten Ecken
- Spieler gut gepolstert
- wird oft auf Rasen gespielt
- wird auf Eis gespielt
- Schläger mit Saiten
- Einzelspieler
- Mannschaftssport
- Torhüter und fünf Feldspieler
- flache Hartgummischeibe
- Name aus der französischen Sprache,
  heißt „krummer Stock"

② Schreibe den Text mit passenden Stichworten aus Aufgabe 1.

Eishockey ist eine alte Sportart.
Es ist ein ▢ und wird auf ▢ gespielt.
Mit dem gebogenen Schläger müssen die Spieler
einen ▢ ins gegnerische Tor schieben.
Sie spielen auf einem Spielfeld mit ▢.
In einer Mannschaft spielen ▢.
Zur Sicherheit sind die Spieler ▢.
Der Name des Spiels kommt aus ▢.
Hockey heißt ▢.

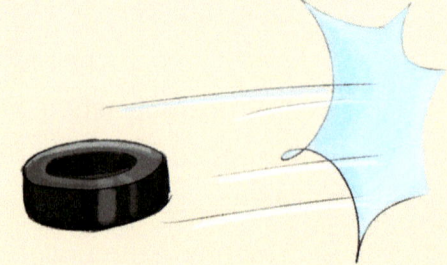

**③ Wie heißt die Sportart, zu der die
übrig gebliebenen Stichworte gehören?**

4 Hier wird die Sportart Badminton beschrieben.
Überlege dir eine gute Reihenfolge für die Stichworte:
• Badminton: englisches Wort für Federball, ...

Was zusammen-
gehört, soll auch zusammen
beschrieben werden.

• Schläger dünner und leichter
  als Tennisschläger
• wird mit Schlägern gespielt
• wird als Sportart in der Halle gespielt
• sehr anstrengend
• Netz in der Mitte,
  etwa 1,50 Meter hoch
• Badminton: englisches Wort für Federball
• Ball mit Spitze aus Kork
• Gänse- oder Entenfedern
• Feld kleiner als Tennisfeld
• man muss schnell und beweglich sein

5 Schreibe mit Hilfe der Stichworte einen kleinen Text über Badminton:
Badminton wird mit zwei Schlägern ...

6 Wähle eine Sportart. Sammle Stichworte.
Schreibe einen kleinen Text über die gewählte Sportart.

Zusammenfassungen

① Lies den Text.

Bis Fahrräder so aussahen wie heute, hat es lange gedauert.
1817 erfand Freiherr Drais von Sauerbronn das erste Laufrad.
Es hatte einen Lenker und war aus Holz, die Holzräder waren
mit Eisen beschlagen. Man konnte damit die Geschwindigkeit
eines galoppierenden Pferdes erreichen.

Es ist nicht ganz sicher, welcher Franzose um 1860 als Erster
ein Pedal an ein Laufrad anbaute, es war entweder Michaux
oder Lallement. Der Amerikaner Goodyear entdeckte 1839,
wie man aus dem Pflanzensaft Kautschuk Gummi herstellen kann.
Der Brite Dunlop und der Franzose Michelin entwickelten
in den Jahren 1888 und 1889 luftgefüllte Gummireifen.

Außerdem wurden leichtere Speichenräder erfunden und
die Kette zur Übertragung der Tretkraft auf das Hinterrad.
Heute ist das Fahrrad ein ausgefeiltes technisches Produkt.

② Schreibe die richtige Zusammenfassung ab.

Es hat lange gedauert, bis das Fahrrad aussah wie heute. Das erste Laufrad war aus Holz. Damit war man so schnell wie ein galoppierendes Pferd, das mit Eisen beschlagene Hufe hat. Michaux baute an das Rad Pedale und ein Amerikaner erfand luftgefüllte Reifen.

Zur Entwicklung des Fahrrades haben viele Erfinder beigetragen. Freiherr Drais entwickelte 1817 das Laufrad aus Holz. In Frankreich wurde das Pedal erfunden und nachdem der Amerikaner Goodyear ein Verfahren zur Herstellung von Gummi entdeckt hatte, erfanden der Franzose Michelin und der Brite Dunlop fast gleichzeitig luftgefüllte Reifen. Später kamen noch einige Erfindungen hinzu.

3 Fasse den Text kurz zusammen. Die Markierungen helfen dir.

Zwischen 1850 und 1900 arbeiteten viele Erfinder an Motoren.
Carl Benz wurde 1844 als Sohn eines Lokführers geboren. Er studierte
Maschinenbau und wollte ein selbstbewegliches Fahrzeug bauen, das
ohne Schienen fuhr. Selbstbeweglich heißt auf Griechisch Automobil.
Da die Lenkung ein schwieriges Problem darstellte, baute er einen
dreirädrigen Wagen. 1886 wurde dieser Motorwagen von Carl Benz zum
Patent angemeldet. Ein Patent schützt ein Produkt davor, dass es einfach
nachgebaut wird. Zuerst wurde der Wagen von vielen Menschen
belächelt. Das änderte sich erst, als seine Frau Bertha 1888 die erste
Fernfahrt der Automobilgeschichte unternahm: Sie fuhr mit ihren zwei
Söhnen von Mannheim nach Pforzheim.

4 Lies den Text. Schreibe wichtige Stichworte auf.
Schreibe mit ihnen eine Zusammenfassung.

Der Heißluftballon ist das älteste Luftfahrzeug, das es gibt.
Es wurde von den französischen Brüdern Montgolfier erfunden.
Sie leiteten eigentlich eine Papierfabrik, die in Familienbesitz war,
interessierten sich aber auch für die Luftfahrt.

Sie experimentierten damit, eine Hülle mit „leichter Luft" zu füllen
und dadurch steigen zu lassen. Dabei verwendeten sie zum Beispiel
Wasserdampf. Schließlich glaubten sie, dass Rauch den Ballon
steigen lässt. Tatsächlich ist es aber die heiße Luft, die leichter ist
als kalte Luft und deshalb nach oben steigt.

Im Juni 1783 ließen sie den ersten Ballon vor Publikum steigen.
Vor den Augen König Ludwigs des XVI. stiegen im September
drei Tiere in die Luft: ein Schaf, eine Ente und ein Hahn.
Im November 1783 fand der erste Flug eines Heißluftballons
mit Menschen an Bord statt. Seitdem können Menschen fliegen.

Informationen sammeln

① Schreibe die Fragen zum Text auf und beantworte sie.
Unterstreiche bei den Fragen die W-Fragewörter:
1. …

Fuchs, du hast die Gans gestohlen?
Pah – wie langweilig. Im Örtchen Föhren
in Rheinland-Pfalz hat es eine Fähe*
auf Schuhe abgesehen:

Mehr als 120 Pantoffeln, Latschen,
Gummi-, Arbeits- und Wanderstiefel
hat das Tier im vergangenen Jahr
aus Gärten, Hauseingängen und
von Terrassen stibitzt und im Schutz
der Dunkelheit in seinen Bau geschleppt.

* Fähe: in der Fachsprache
der Jäger die Füchsin

Erst kürzlich entdeckte nun ein Förster
das versteckte Diebesgut.
Die räuberische Fuchsdame,
die den Bau mit ihren Jungen bewohnt,
traf er nicht an – sie war nicht zu Hause.
Immerhin aber hatte sie die Schlappen
und Stiefel pfleglich behandelt.
„Manche sehen aus wie neu", sagte der Förster.

Mit den
W-Fragen findest du
die wichtigsten
Informationen.

1. Wer war der Räuber, der
   Schuhe gestohlen hat?

2. Mit wem bewohnte
   die Füchsin ihren Bau?

3. Warum dachte der Förster,
   dass die Füchsin die Schuhe
   gut behandelt hat?

4. Wo entdeckte der Förster
   die Schuhe?

② Schreibe alle W-Fragewörter auf, die du kennst.

3 Lies den Text. Informiere dich über Wörter, die du nicht verstehst:
im Lexikon, im Internet, bei Erwachsenen …

Boot plus Segel gleich Segelboot. Und Frachter plus Drachen?
Na klar: Drachenfrachter! Von Bremerhaven startete 2008 das erste
Schwergutfrachtschiff, das nur zum Teil von einem Schiffsdiesel
angetrieben wird – den Rest übernimmt ein riesiger Zugdrachen.

Der schwebt 100 bis 300 Meter über dem Meer und ist durch
ein dickes Seil mit dem Schiff verbunden. Dieser Gleitschirm
gibt dem Frachter bei guten Windverhältnissen so viel Schub,
dass das Schiff rund ein Drittel weniger Treibstoff verbraucht!

Und auch für Flauten ist der Drachenfrachter bestens gerüstet:
Windstille meldet ein Sensor unter dem Schirm. Dann holt
eine Motorwinde das Segel ein. In Windeseile, versteht sich.

4 Hier findest du Informationen zu W-Fragen.
Schreibe Fragen und Antworten auf.

Der Zugdrachen wird mit einer
Motorwinde eingeholt.

Er schwebt bis zu 300 Meter
über dem Schiff.

Das Schwergutfrachtschiff
startete im Jahr 2008.

5 Welche Informationen findest du im Text?
Schreibe nur diese Fragen und die Antworten dazu auf.

Warum fliegt der Drachen
im Wind nicht davon?

Von welcher Stadt startete das
erste Frachtschiff mit Drachen?

Wie viel Treibstoff kann man
bei gutem Wind einsparen?

Was kostet
der Drachen?

Wem gehört
das Frachtschiff?

Steckbriefe

1 Lies den Text über Lavendel.

Lavendel ist ein immergrüner verzweigter Strauch,
der bis zu 100 cm groß werden kann. Die langen Triebe
sind mit nadelförmigen, grau behaarten Blättern besetzt.
Die schmalen, blauvioletten Blüten sitzen am Ende der Stängel,
ähnlich wie die Ähren beim Getreide.

Ursprünglich kommt der Strauch aus den Mittelmeerländern.
Vor allem in Südfrankreich wird er auf großen Feldern angebaut.
Er liebt eher trockene, kalkhaltige und sandige Böden.
Die Pflanze blüht von Juni bis August. Die Blüten duften
sehr stark. Deshalb wird aus ihnen Lavendelöl gewonnen,
das in Parfüm und Waschmitteln oder Seifen verwendet wird.
Getrocknete Lavendelblüten kann man in Duftsäckchen
in den Schrank legen, damit die Kleider gut riechen.
Außerdem soll der Duft des Lavendels Motten vertreiben.
Man verwendet nur die Blüten. Die schwarzbraunen kleinen
Samenkörner werden nur zur Vermehrung benutzt.

2 Schreibe den Steckbrief ab. Ergänze die fehlenden Stichworte:
Name: Lavendel

Name: ▢
Herkunft: ▢
Größe: ▢
Aussehen: ▢
Blüten: ▢
Blütezeit: ▢
Standort: ▢
Verwendung: ▢
Früchte: ▢

(3) Schreibe mit Hilfe des Steckbriefes einen Text über die Ringelblume:
Die Ringelblume wird auch Calendula genannt. ...

Name:	Ringelblume, auch Calendula genannt
Herkunft:	vermutlich Mittelmeer- länder, in ganz Europa verbreitet
Größe:	bis 50 cm
Aussehen:	behaarte Stängel, längliche Blätter
Blüten:	gelborange
Blütezeit:	Mai bis November
Standort:	sandige Böden
Verwendung:	Salbe aus den Blüten hilft bei der Heilung von Wunden
Früchte:	kleine, geringelte Samen, etwa 1 cm groß, gaben der Pflanze den Namen

(4) Welche Punkte sind für einen Pflanzensteckbrief wichtig,
welche für einen Tiersteckbrief, welche für beide? Ordne zu:
Pflanzensteckbrief: ...
Tiersteckbrief: ...

Name   Herkunft   Größe   Aussehen   Besonderheiten
Blüten   Standort   Verwendung   Früchte
Lebensraum   Verhalten   Nahrung   Feinde

(5) Wähle ein Tier oder eine Pflanze.
Schreibe einen Steckbrief.

Briefe

1 Lies den Brief von Max.

Anrede

Datum

Liebe Oma,   9.8.2017

gestern hatte ich zum ersten Mal den neuen Pullover an,
den du mir geschenkt hast. Er passt wirklich ganz genau
und ist kuschelig warm! Vielen Dank, ich freue mich sehr!
Morgen darf ich mit Papa zum ersten Mal zum Eislaufen.
Da kann ich ihn auch anziehen, denn in der Eishalle
ist es kalt. Ich freue mich, wenn wir uns wiedersehen.
Grüße Opa von mir.

Viele liebe Grüße   **Gruß**
Dein Max

Absender

Briefmarke

Max Maier
Mozartweg 6
69999 Seilingen

An
Margarete Maier
Hahnstr. 37
89899 Bauersdorf

Adresse

2 Schreibe einzelne Informationen aus dem Brief auf:
Datum: ...

Datum   Anrede   Gruß   Adresse   Absender

3 Schreibe einen der Briefe ab.
Setze in die Lücken passende Wörter ein.

du • dir • deinen • dich • deine   Sie • Ihre • Ihren • Ihnen

Liebe Teresa,

vielen Dank für ☐ schönen
Brief. ☐ kannst ☐ denken,
dass ich mich sehr gefreut habe,
weil ich in der neuen Schule
noch nicht so viele Kinder kenne.
Ich vermisse ☐ und die anderen
sehr. Wenn ☐ in den Ferien
kommst, zeige ich ☐ alles.

Viele Grüße
☐ Carolina

Sehr geehrter Herr Keller,

vielen Dank, dass ☐ unsere
Klasse zum Vorlesen besucht
haben. ☐ Geschichten waren
sehr interessant. Wir konnten
uns gut vorstellen, was ☐ alles
erlebt haben. Für ☐ Arbeit
wünschen wir ☐ alles Gute.
Besuchen ☐ uns bald wieder
und grüßen ☐ ☐ Hund!

Viele Grüße
☐ Klasse 3b

4 Schreibe selbst einen Brief.

Wähle aus, wem du schreiben willst: Oma, Opa, Onkel,
Tante, Freund, Freundin, Pippi Langstrumpf, Sams …

Überlege, was du schreiben willst: Grüße aus den Ferien,
Glückwünsche zum Geburtstag, Bericht aus einer anderen Stadt …

Achte im Brief auf: Datum, Anrede,
Gruß. Achte auf dem Umschlag auf
Adresse, Absender und Briefmarke.

Beachte, dass sich
geschriebene und gesprochene
Sprache unterscheiden.

Welche Anredewörter nimmst du?

Geschichtenanfänge

(1) Lies zuerst den Hauptteil und das Ende der Geschichte.

Jonas warf das Seil über den tiefsten Ast. Wir schafften es,
einen Knoten hineinzumachen. Mit Hilfe des Seiles kletterten wir
auf den Baum hinauf. Ich kletterte zuerst auf die nächsten Äste.
Jonas und Lisa folgten. Als wir schon so hoch waren, dass wir auf
unser Hausdach sehen konnten, knackte es unter mir plötzlich laut.
Erschrocken klammerte ich mich an den Ast über mir. Ich schrie.
Der Ast unter meinen Füßen war abgebrochen und direkt
neben Lisa in die Tiefe gestürzt. Sie reagierte gelassen,
packte mein rechtes Bein und stellte es auf einen dicken Ast.
Mit zittrigen Knien kletterte ich langsam nach unten.
Wie war ich froh, als ich mich ins Gras plumpsen lassen konnte!

(2) Schreibe die Einleitung ab, die am besten
in die Geschichte einführt. Beachte den Merksatz.

Am Samstag holten mich meine Freunde Lisa und Jonas
mit ihren Fahrrädern ab. Ich packte meine Badesachen
auf den Gepäckträger und dann ging es los zum Badesee.

Wir trafen uns am Samstag. Ich hatte ein dickes Seil
mitgebracht, denn wir wollten auf den Baum klettern.

Es war Samstag und endlich schulfrei. Ich hatte mich
mit meinen Freunden Lisa und Jonas verabredet.
Wir wollten unbedingt einmal auf den alten Birnbaum in
unserem Garten klettern. Ich hatte extra ein dickes Seil besorgt.

(3) Unterstreiche in der Einleitung in deinem Text die Personen
und wo und wann die Geschichte spielt.

> Den Anfang einer Geschichte nennt man auch **Einleitung**. In der Einleitung
> werden die **Personen** vorgestellt und **wo** und **wann** die Geschichte spielt.

4 Lies den Hauptteil und das Ende der Geschichte.

Sein neues Rad war einfach spitze! Paul trat mit aller Kraft
in die Pedale und rief Kalle zu: „Wer zuerst an der Turnhalle ist!"
Paul legte sich in die Kurve. Wie schnell er war. Da fuhr vor ihm
plötzlich ein Auto aus einer Einfahrt auf die Straße! Paul riss den Lenker
herum und sauste in die Wiese. Das Rad blockierte. Paul wurde über den
Lenker geschleudert. Bevor er wusste, wie ihm geschah, lag er im Gras.
Neben ihm rauschte es. Paul sah sich um. Da landete auch Kalle im Gras.
„Lebst du noch?", rief Paul. „Ich glaube ja", stammelte Kalle.
Da hatten sie wohl noch einmal Glück gehabt
und waren mit dem Schrecken davongekommen.

5 Schreibe zu der Geschichte eine Einleitung.

Wer?	die zwei Freunde Kalle und Paul
Wo?	von Kalles Haus auf dem Weg zum Training
Wann?	Nachmittag

6 Lies den Hauptteil der Geschichte. Schreibe eine passende Einleitung.

Wir ließen uns vor allem im Raubtierhaus viel Zeit.
Die kleinen Tiger kletterten über ihre Mutter und
tollten wie wild herum. Vom Stehen müde geworden
setzten wir uns in eine Nische gegenüber dem Käfig.
Die anderen Besucher hatten das Raubtierhaus schon
verlassen und so war es schön ruhig. Jana sah auf die Uhr.
„Oh, schon halb acht. Wir müssen dringend nach Hause!"
Unwillig raffte ich mich auf und ging Julia hinterher.
Sie rüttelte an der Eingangstür und drehte sich um:
„Abgeschlossen." In ihren Augen sah ich Angst …

7 Schreibe das Ende der Geschichte: In ihren …

Geschichten entwickeln

① Lies die Geschichte.

Der stolze Ritter Leopold war
mit seinem Knappen Konrad
auf dem Rückweg von einem Turnier.
Er hatte es gewonnen.
Sie ritten gerade durch einen Wald,
als plötzlich ein großer, grüner Drache
zwischen den Bäumen hervorschoss.
Direkt auf sie zu.

② Welche Fortsetzung gefällt dir am besten?
Schreibe die Geschichte weiter. Die Stichworte helfen dir.

Leopolds Pferd scheut,
Leopold stürzt,
Drache will ihn verschlingen,
Konrad rettet mit seinem Schwert,
Leopold schlägt Konrad zu Hause zum Ritter

Leopold stürzt sich auf den Drachen,
Drache jagt Konrad hinterher,
Konrad stürzt, ist in großer Gefahr,
Leopold tötet Drachen mit der Lanze,
reiten gemeinsam nach Hause

Leopold erkennt seinen Freund: Drache Rufus,
Drache ruft: „Ihr seid in Gefahr",
„Eure Feinde sind im Wald",
alle schleichen sich um den Wald herum,
kommen sicher zur Burg, großes Fest wird gefeiert

③ Wähle eine Gedankensammlung.
Übertrage sie auf ein Blatt und ergänze sie.

④ Schreibe eine Geschichte zu deiner Gedankensammlung.

⑤ Überlege dir ein Thema.
Erstelle selbst eine Gedankensammlung dazu.

Geschichtenaufbau

1 Ordne jedem Teil der Geschichte die richtige Absatznummer zu:

Einleitung: ...

Hauptteil: ...

Schluss: ...

> In der **Einleitung** erfährt man, **wer** in der Geschichte mitspielt, **wo** und **wann** sie spielt.

> Im **Hauptteil** wird ausführlich erzählt, **was passiert**.

> Im **Schlussteil** wird die Geschichte **zu Ende gebracht**.

1. Zum Glück hatte mich das Pony nicht richtig erwischt. Der Finger war rot, aber er blutete nicht. So wurde es trotzdem noch ein schöner Ausflug.

2. Letzten Sonntag machte ich mit meinem Papa eine Wanderung. Nach einer Weile kamen wir an einer Weide mit drei Ponys vorbei.

3. Da ich Ponys sehr mag, fütterten wir die Ponys mit den Karotten, die wir uns mitgenommen hatten. Vor allem ein schwarzes Pony war sehr gierig. Als alle Karotten weggeputzt waren, wollte ich es an der Schnauze streicheln. Auf einmal schnappte es nach mir und biss mir in den Finger. Erschrocken sprang ich zurück.

2 Schreibe die Geschichte ab.

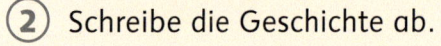

Einleitung:	Hauptteil:	Schluss:
Wer? Wann? Wo?	*Was passiert?*	*Wie endet die Geschichte?*

(3) Lies die Einleitung und den Schluss der Geschichte.

Am letzten Sonntag gingen meine Eltern mit mir
und meinem Bruder Felix in eine Ausstellung.
Zuerst fanden Felix und ich die Ausstellung langweilig.
Als wir aber vor einem großen Bild standen
und es genau anschauten, kam plötzlich ...
???????

„Da seid ihr ja endlich", sagte meine Mutter.
„Wir haben euch schon gesucht!"
Felix und ich grinsten uns an.
Dann fuhren wir alle gemeinsam nach Hause.

(4) Lies diese Tipps und schreibe den Hauptteil selbst.
Mache dir zunächst Stichpunkte.
• Schreibe ausführlich. Was passiert genau?
• Wohin verschwinden die beiden Hauptpersonen?
• Du kannst die Personen sprechen lassen.
• Oft machen Adjektive die Geschichte interessanter.
• Achte auf die Zeit. Die Einleitung steht in der Vergangenheit.

(5) Welche Stichworte stehen im falschen Teil?
Verbessere und schreibe die korrigierte Geschichte auf.

Einleitung: Jonas ins Freibad, Freunde Simon und Jana treffen

Hauptteil: gestern, Simon kann nicht schwimmen,
Simons Mutter: „Bleibt im flachen Wasser!", spielen Fangen,
Jonas springt Simon hinterher, Jana landet neben Simon
und Jonas, packt mit an, Simons Mama erleichtert,
haben noch einen schönen Tag im Schwimmbad

Schluss: Simon springt ins tiefe Becken, Eis als Belohnung

Wörtliche Rede in Geschichten

① Lies den Text.

Es ist Samstagmorgen.
Jonas macht sich auf den Weg zur Bäckerei.
Unterwegs trifft er Julian mit seinem
jungen Hund Chako. Chako springt
an ihm hoch. Gemeinsam rennen sie
zur nächsten Wiese und werfen
Chako Stöckchen zu.
Jonas vergisst völlig die Zeit.
Dann saust er los.
Zu Hause warten alle schon.

**② Lies die wörtliche Rede. Überlege, an welchen Stellen
du die wörtliche Rede in den Text einsetzen kannst.**

„Holst du uns Brötchen,
Jonas?", fragt Mama.

„Spiel mit uns!", fordert
Julian Jonas auf.

„Oh je!", fällt ihm
plötzlich ein. „Ich muss
doch zum Bäcker."

„Wenn's sein muss",
brummt er.

Er ruft noch: „Tschüss,
ich muss weg!"

Mama schimpft:
„Jetzt wird's aber Zeit.
Wo warst du denn?"

③ Schreibe die Geschichte mit der wörtlichen Rede auf:
Es ist Samstagmorgen.
„Holst du uns Brötchen?", fragt Mama. ...

> Geschichten werden **spannender und lebendiger**,
> wenn du die Personen sprechen lässt.

④ Lies die Geschichte. Was sagen Finn und Lara?
Schreibe die Geschichte ab und ergänze die wörtliche Rede:
Finn und seine Schwester …

Finn und seine Schwester Lara stöbern
bei den Großeltern auf dem Dachboden.
Lara entdeckt in einer Ecke
eine geheimnisvolle Kiste.

▬
▬
▬

Jetzt gib schon her!

Hier ist …

Komm her!

Was gibt es?

Leider geht die Kiste nicht auf.
Da hat Finn eine Idee.

▬

Schau mal, da …

Lass mich mal!

Neben der Dachbodentüre hängen
verschiedene Schlüssel.

▬

Aber Finn versucht es alleine. Leider ohne Erfolg.

▬

Lara nimmt ihm energisch die Schlüssel aus der Hand.
Das Schloss knackt tatsächlich!

▬

ruft
flüstert
fragt
…

⑤ Was ist in der Kiste? Wähle eine Möglichkeit
und schreibe die Geschichte zu Ende.

Texte überarbeiten

① Setze die passenden Satzanfänge ein und schreibe den Text ab. Mit dem Computer kannst du unterschiedliche Satzanfänge ausprobieren: Neulich war …

Da • Plötzlich • Deshalb • Erleichtert • Leise • Langsam

Neulich war Maria gerade auf dem Weg in die Schule.
☐ sah sie hinter einem Zaun einen großen Hund.
☐ bekam Maria Angst, denn der Zaun war niedrig.
☐ traute sie sich nicht, an dem Garten vorbeizugehen.
Der Hund sah sie neugierig an.
☐ fasste Maria Mut.
☐ sprach sie mit dem Hund.
☐ ging sie am Garten vorbei.
Der Hund schaute Maria hinterher.

② Schreibe den Text ab. Ersetze diese Nomen durch Pronomen. Unterstreiche die Pronomen: Maria hatte große Angst …

ihren • sie • ihn • ihrer • er

Maria hatte große Angst vor dem Hund.
Da kam die Besitzerin des Hundes.
Der Hund schnüffelte an Marias Beinen.
Mutig streichelte Maria den Hund.
Der Hund schleckte an Marias Hand.
Die Hundebesitzerin sagte zu Maria:
„Du brauchst keine Angst zu haben.
Der Hund lernt dich gerade kennen."

Unterschiedliche **Satzanfänge** machen Texte interessanter:
Zuerst, plötzlich, als, schließlich …
Sätze kann man umstellen:
Ich hatte als Baby eine Glatze. Als Baby hatte ich eine Glatze.

3 Schreibe den Text ab. Ändere die Sätze so, dass sie nicht immer mit **Er** oder **Kevin** anfangen: Seit zwei …

Kevin   ist   seit zwei Jahren   Fußballtorwart.

Kevin   geht   jeden Mittwoch   zum Training.

Er   findet   es   dort   sehr anstrengend.

Er   ist   danach   oft   müde, aber zufrieden.

Kevins Mannschaft   spielt   am Wochenende

oft   gegen andere Mannschaften.

4 Es gibt verschiedene Möglichkeiten, den Satz umzustellen. Schreibe alle Möglichkeiten auf, die du findest: Kevin hat …

beim letzten   Fußballspiel   hat   Kevin

erfreulicherweise   alle Bälle   gehalten

5 Schreibe die Sätze ab. Ersetze gleiche Verben durch andere Verben aus den Wortfeldern **sehen** und **gehen**: Der Jäger beobachtet …

Der Jäger sieht die Rehe.
Der Künstler sieht sein neues Bild an.
Frederik sieht eine Maus unter dem Busch.
Die Kinder gehen hinter den Pferden her.
Die Indianer gehen vorsichtig durch den Wald.
Meine Eltern gehen durch die Stadt
und sehen sich Schaufenster an.

6 Schreibe alle Wörter zum Wortfeld **sagen** auf, die dir einfallen.

Gedichte

(1) Lies das Gedicht.

> Die Krähe trägt ein schwarzes Kleid
> jahrein, jahraus und alle Zeit.
> Tagtäglich krächzt sie: „Ich bin da!"
> Mit krähenschwarzem Krak-krah-krah.
>
> *Josef Guggenmos*

(2) Wähle ein Tier. Schreibe das Gedicht um.
Gestalte ein passendes Schmuckblatt:
Der Esel trägt ein graues …

Ich bin da,
i-ah, i-ah!

Ich bin hie,
kikeriki!

Ich bin do,
miau-mio.

(3) Diese Reime nennt man Echoreime.
Ordne die Reime passend zu und schreibe sie ab.

Wie heißt der Bürgermeister von Wesel?	Peter.
Frierend glotzt aufs Thermometer:	Esel!
Keiner will sie gerne haben:	Sorgen.
Anne hat schon früh am Morgen:	Hausaufgaben
Was mag am liebsten die Charlotte?	Wollefaden.
Das machen die Esel am liebsten in Essen:	Karotte.
Das suche ich im Wolleladen:	fressen.

(4) Schreibe selbst einen Echoreim.

Eulen – heulen	Frau Meier – Eier	Hasen – Rasen
Katzen – kratzen	Affen – gaffen	Spatzen – schwatzen
Bach – Krach	weiß – Eis	Kuh – muh

5 Lies das spanische Gedicht. Übersetze es für dich.

avenidas

avenidas y flores

flores

flores y mujeres

avenidas

avenidas y mujeres

avenidas y flores y mujeres y

un admirador

Eugen Gromringer

avenidas = Straßen

y = und

flores = Blumen

mujeres = Frauen

un admirador = ein Bewunderer

Bauplan für ein Avenidas-Gedicht:

6 Schreibe ein eigenes Avenidas-Gedicht.
Setze in den Avenidas-Bauplan andere Wörter ein.

Blumen   Sonne   Vogelgezwitscher   der Frühling

Wasser   Wolken   Wind   ein Regentag

7 Schreibe dein Avenidas-Gedicht.
Wähle ein Thema.
Denke dir drei passende Nomen aus,
die du nach dem Bauplan wiederholst.
Finde für die letzte Zeile ein treffendes
viertes Nomen.

Freizeit
Freizeit und Strand
Strand und Meer
Freizeit und Strand und Meer
tolle Ferien

Wörterliste

A/a

abschneiden (M)

• der Advent (M),
   die Advente

ähnlich (M)

alle (〰)

allein (〰)

alt (〰)

andere (〰)

ändern (⚡), sie ändert

• der Anfang (〰),
   die Anfänge (⚡)

anfangen (〰),
   er fängt an (⚡)

• die Angst (〰),
   die Ängste (⚡)

ängstlich (⚡)

• der Apfel (〰), die Äpfel (⚡)

• die Apfelsine (M),
   die Apfelsinen

• der April (〰)

• die Arbeit (〰), die Arbeiten

arbeiten (〰), er arbeitet

ärgerlich (M)

ärgern (M),
   sie ärgert sich

• der Arm (〰), die Arme

• der Arzt (〰), die Ärzte (⚡)

• die Ärztin (⚡),
   die Ärztinnen

• der Ast (〰), die Äste (⚡)

aufhören (〰),
   er hört auf

aufpassen (〰),
   sie passt auf (↪)

aufräumen (⚡),
   er räumt auf

aufstehen (〰),
   sie steht auf (↪),
   er stand auf (↪)

• der August (〰)

• das Auge (〰), die Augen

aus (〰)

außen (M)

• der Ausflug (↪),
   die Ausflüge

• das Auto (〰), die Autos

B/b

• das Baby (M), die Babys

• der Babysitter (M),
   die Babysitter

backen (〰),
   sie bäckt (↪) (⚡)

• das Bad (↪), die Bäder (⚡)

baden (〰), er badet

• die Bahn (M), die Bahnen

• der Balkon (M), die Balkons

bald (M)

• der Ball (↪), die Bälle (⚡)

• der Ballon (M), die Ballons

• die Banane (〰),
   die Bananen

• das Band (↪),
   die Bänder (⚡)

• die Bank (〰), die Bänke (⚡)

basteln (〰), sie bastelt

bauen (〰), sie baut

• der Bauer (〰), die Bauern

• der Baum (〰),
   die Bäume (⚡)

• das Becken (〰), die Becken

• die Beere (M), die Beeren

• das Beet (M), die Beete

beide (〰)

• das Beispiel (〰),
   die Beispiele

beißen (M), er beißt,
   er biss (↪)

• das Benzin (M)

beobachten (〰),
   er beobachtet

• der Berg (↪), die Berge

• der Bericht (〰), die Berichte

berichten (〰),
   sie berichtet

• der Beruf (〰), die Berufe

besser (〰)

bestellen (〰)

am besten (〰)

• der Besuch (〰), die Besuche

besuchen (〰),
   er besucht

• das Bett (↪), die Betten

bewegen (〰),
   sie bewegt (↪)

bezahlen (M),
   sie bezahlt

• das Bild (↪), die Bilder

• der Bildschirm (↪),
   die Bildschirme

Die in der DaZ-Didaktik übliche farbige Kennzeichnung der Artikel unterstützt das Erlernen des grammatischen Geschlechts und stellt eine Hilfe insbesondere für mehrsprachige Kinder dar.

billig ⌢

bitten ⌢, sie bittet

bisschen Ⓜ

blasen ⌢, sie bläst ⚡,

er blies ⌢

● das Blatt ↷,

die Blätter ⚡

bleiben ⌢,

er bleibt ↷,

er blieb ↷

● der Blitz ↷, die Blitze

blitzen ⌢, es blitzt ↷

blühen ⌢,

sie blüht ↷

● die Blume ⌢, die Blumen

● die Bluse ↷,

die Blusen ↷

● die Blüte ⌢, die Blüten

● das Bonbon Ⓜ,

die Bonbons

● das Boot Ⓜ, die Boote

böse ⌢

boxen ⌢, er boxt

● der Brand ↷,

die Brände ⚡

brauchen ⌢,

sie braucht

braun ⌢

breit ⌢

brennen ⌢,

es brennt ↷

● der Brief ⌢, die Briefe

● die Brille ⌢, die Brillen

bringen ⌢, er bringt,

er brachte ⌢

● das Brot ↷, die Brote

● die Brotdose ⌢,
die Brotdosen

● die Brücke ⌢, die Brücken

● der Bruder ⌢, die Brüder

● das Buch ⌢, die Bücher

bunt ⌢

● der Bus ⌢, die Busse

● die Butter ⌢

C/c

● der Cent Ⓜ, die Cent

● der Clown Ⓜ, die Clowns

● der Computer Ⓜ,
die Computer

D/d

danach ⌢

danken ⌢, sie dankt

dann Ⓜ

darauf ⌢

daraus ⌢

darüber ⌢

● die Decke ⌢, die Decken

decken ⌢, er deckt ↷

denken ⌢, sie denkt,

sie dachte ⌢

denn Ⓜ

● der Detektiv Ⓜ,
die Detektive

deutsch ⌢

Deutschland ↷

● der Dezember ⌢

dick ↷

● der Dieb ↷, die Diebe

● der Dienstag ↷,
die Dienstage

dir Ⓜ

● das Display Ⓜ,
die Displays

donnern ⌢,
es donnert

● der Donnerstag ↷,
die Donnerstage

dort ⌢

● der Drache ⌢,
die Drachen

draußen Ⓜ

● der Dreck ↷

drehen ⌢, er dreht ↷

drei ⌢

● das Dreieck ↷,
die Dreiecke

drucken ⌢,
er druckt ↷

● der Drucker ⌢,
die Drucker

dumm ↷

dunkel ⌢

dünn ↷

durch ⌢

dürfen ⌢, er darf

● der Durst ⌢

durstig ↷,
sie ist durstig

E/e

● die Ecke ⌢, die Ecken

eckig ↷

ehrlich Ⓜ

einige ⌢

einmal ⌢

einzeln ⌢

elektronisch ⌢

● die E-Mail Ⓜ, die E-Mails

die Eltern ⌣
eng ⌣
entdecken ⌣,
sie entdeckt ↝
● die Erde ⌣
erklären (⚡), er erklärt
erlauben ⌣,
sie erlaubt ↝
● die Erlaubnis ↝,
die Erlaubnisse
● das Erlebnis ↝,
die Erlebnisse
● die Ernte ⌣, die Ernten
ernten ⌣, er erntet
erschrecken ⌣,
sie erschreckt sich ↝
erste ⌣
erzählen (M), sie erzählt
essen ⌣, er isst ↝,
er aß (M)
etwas ⌣
euch ⌣
euer ⌣

F/f

● die Fabrik (M), die Fabriken
fahren (M), sie fährt (⚡)
● das Fahrrad (M),
die Fahrräder (⚡)
● die Fahrt (M), die Fahrten
fallen ⌣, er fällt (⚡),
er fiel ⌣
falsch ⌣
fangen ⌣,
sie fängt (⚡)
fassen ⌣, er fasst ↝
● der Februar ⌣

fehlen (M), sie fehlt
● der Fehler (M), die Fehler
● die Feier ⌣, die Feiern
feiern ⌣, er feiert
● das Feld ↝, die Felder
● das Fenster ⌣, die Fenster
● die Ferien ⌣
fernsehen ⌣,
er sieht fern (M)
fertig ↝
fest ⌣
● das Fest ⌣, die Feste
festlich ⌣
fett ↝
feucht ⌣
● das Feuer ⌣, die Feuer
finden ⌣, er findet
● der Fisch ⌣, die Fische
● die Flasche ⌣,
die Flaschen
● das Fleisch ⌣
● der Fleiß (M)
fleißig ↝
fliegen ⌣,
sie fliegt ↝,
er flog ↝
flink
● das Flugzeug ↝,
die Flugzeuge
fort ⌣
fragen ⌣, er fragt ↝
● der Freitag ↝,
die Freitage
fremd ↝
● das Fremdwort ↝,
die Fremdwörter

fressen ⌣, es frisst ↝,
es fraß (M)
freuen ⌣, sie freut sich
● der Freund ↝, die Freunde
● die Freundin ⌣,
die Freundinnen
freundlich ↝
● der Frieden ⌣
frieren ⌣, er friert
frisch ⌣
froh ↝
fröhlich ↝
früh ↝
● der Frühling ↝
● der Fuchs (M), die Füchse
● der Fuß (M), die Füße
● das Futter ⌣
füttern ⌣, sie füttert

G/g

ganz ⌣
● der Garten ⌣,
die Gärten (⚡)
● der Gärtner (⚡),
die Gärtner
geben ⌣, er gibt (M),
sie gab ↝
● der Geburtstag ↝,
die Geburtstage
● die Gefahr (M),
die Gefahren
gefährlich (M) (⚡)
gefallen ⌣,
er gefällt (⚡),
er gefiel ⌣
● das Geheimnis ⌣,
die Geheimnisse

gehen ∿, er geht →,
sie ging ∿

gelb →

• das Geld →, die Gelder

• das Gemüse ∿

genug →

• das Geschäft ⚡,
die Geschäfte

gestern ∿

gesund →

gewinnen ∿,
er gewinnt →

• das Gewitter ∿,
die Gewitter

glänzen ⚡, sie glänzt

• das Glas ∿, die Gläser ⚡

glatt →

gleich ∿

• das Glück →

glücklich →

• das Gras ∿, die Gräser ⚡

gratulieren ∿,
er gratuliert

groß (M)

die Großeltern (M)

grün ∿

• die Gruppe ∿,
die Gruppen

gruselig →

• der Gruß (M), die Grüße
grüßen (M), sie grüßt

H/h

• das Haar (M), die Haare

haben ∿, er hat ∿,
du hast ∿

• der Hahn (M),
die Hähne ⚡

halten ∿, sie hält ⚡,
sie hielt ∿

• das Handy (M), die Handys

hängen ⚡, es hängt,
es hing ∿

hart ∿

hässlich ⚡ →

sie hatte ∿

• das Haus ∿,
die Häuser ⚡

heben ∿, sie hebt →,
er hob →

• das Heft ∿, die Hefte

heilig →

heiß (M)

heißen (M), er heißt

helfen ∿, sie hilft

hell →

heraus ∿

• der Herbst (M)

herein ∿

• der Herr →, die Herren

• das Herz ∿, die Herzen

heute ∿

hier ∿

• der Himmel ∿

hinaus ∿

hinein ∿

• die Hitze ∿

• das Hobby (M), die Hobbys

hoch ∿, hohe,
höher ∿

• der Hof ∿, die Höfe

hoffen ∿, sie hofft →

hoffentlich ∿

hohl (M)

• die Höhle (M), die Höhlen

holen ∿, er holt

• das Holz ∿, die Hölzer

• die Homepage (M)

hören ∿, er hört

• die Hose ∿, die Hosen

• der Hund →, die Hunde

• der Hunger ∿

hungrig →

hüpfen ∿, sie hüpft

I/i

• der Igel (M), die Igel

ihm (M)

ihn (M)

ihnen (M)

ihr (M), ihre (M),
ihren (M)

immer ∿

• die Information (M),
die Informationen

informieren ∿,
sie informiert sich

• der Inliner (M), die Inliner

ins ∿

interessant ∿

• die Internetseite ∿,
die Internetseiten

J/j

• die Jacke ∿, die Jacken

jagen ∿, er jagt →

• der Jäger ⚡, die Jäger

• das Jahr (M), die Jahre

• der Januar ∿

jeder ∿

jetzt Ⓜ
- der Juli Ⓜ
  jung ↪
- der Junge 〰, die Jungen
- der Juni Ⓜ

K/k

- der Kaffee Ⓜ
- der Käfig Ⓜ, die Käfige
  kalt 〰
- der Kamm ↪,
  die Kämme ⚡
  kämmen ⚡,
  sie kämmt ↪
- die Kanne 〰, die Kannen
- die Karte 〰, die Karten
- die Kartoffel 〰,
  die Kartoffeln
- die Katze 〰, die Katzen
  kaufen 〰, er kauft
  kein 〰
  kennen 〰,
  er kennt ↪,
  sie kannte ↪
- die Kerze 〰, die Kerzen
- die Kette 〰, die Ketten
- das Kind ↪, die Kinder
- das Kino Ⓜ, die Kinos
- der Kiosk Ⓜ, die Kioske
  kippen 〰, es kippt ↪
- die Klasse 〰, die Klassen
- das Klassenzimmer 〰,
  die Klassenzimmer
- das Kleid ↪, die Kleider
  klein 〰
  klettern 〰, er klettert
  klopfen 〰, sie klopft

- der Koffer 〰, die Koffer
  kommen 〰,
  er kommt ↪,
  sie kam Ⓜ
  können 〰,
  sie kann ↪
- der Kopf 〰, die Köpfe
- der Korb ↪, die Körbe
- die Kraft 〰, die Kräfte ⚡
  kräftig ⚡
  krank 〰
- der Kreis 〰, die Kreise
- der Krieg ↪, die Kriege
- die Küche 〰, die Küchen
- der Kuchen 〰, die Kuchen
  kühl Ⓜ
  kurz 〰

L/l

  lachen 〰, er lacht
- die Lampe 〰, die Lampen
- das Land ↪,
  die Länder ⚡
  langsam 〰
  langweiligen 〰,
  sie langweilt sich
- der Lärm Ⓜ
  lassen 〰,
  sie lässt ⚡ ↪,
  sie ließ Ⓜ
- das Laub Ⓜ
  laufen 〰, er läuft ⚡,
  sie lief 〰
  lauschen 〰, er lauscht
  laut 〰
  leben 〰, sie lebt ↪

- der Lebkuchen ↪,
  die Lebkuchen
  lecken 〰, er leckt ↪
  lecker 〰
  leer Ⓜ
  legen 〰, er legt ↪
- der Lehrer Ⓜ, die Lehrer
- die Lehrerin Ⓜ,
  die Lehrerinnen
  leicht 〰
  lernen 〰, sie lernt
  lesen 〰, er liest 〰,
  sie las 〰
  letzte Ⓜ
  leuchten 〰,
  es leuchtet
  die Leute 〰
- das Lexikon 〰, die Lexika
- das Licht 〰, die Lichter
  lieben 〰, sie liebt ↪
- das Lied ↪, die Lieder
  liegen 〰, er liegt ↪,
  sie lag ↪
- das Lineal 〰, die Lineale
  links Ⓜ
- der Liter Ⓜ, die Liter
- das Loch 〰, die Löcher
- der Löffel 〰, die Löffel
- die Lokomotive Ⓜ,
  die Lokomotiven
  lösen 〰, sie löst
- die Luft 〰, die Lüfte
  luftig ↪
  lustig ↪

M/m

machen (~), sie macht
- das Mädchen (M),
  die Mädchen
- der Mai (M)
  malen (~), er malt
  manche (~)
  manchmal (~)
- der Mann (↷),
  die Männer (⚡)
- das Märchen (M),
  die Märchen
- der Markt (~),
  die Märkte (⚡)
- der März (M)
- die Maschine (M),
  die Maschinen
- die Mathematik (M)
- das Medium (~),
  die Medien
- das Meer (M), die Meere
- das Mehl (M)
  mehr (M)
  am meisten (~)
  meistens (~)
- die Menge (~), die Mengen
- der Mensch (~),
  die Menschen
  messen (~),
  sie misst (↷),
  sie maß (M)
- das Messer (~), die Messer
- die Milch (~)
- die Minute (~),
  die Minuten
  mir (M)
- der Mittag (↷), die Mittage

- die Mitte (~)
- der Mittwoch (↷),
  die Mittwoche
  mögen (~), er mag (↷)
- der Monat (~), die Monate
- der Mond (↷), die Monde
- der Montag (↷),
  die Montage (↷)
- das Moos (M), die Moose
  morgen (~)
- die Musik (M)
  müssen (~), er muss (↷)
- die Mutter (~), die Mütter
- die Mütze (~), die Mützen

N/n

nächste (M)
- der Name (~), die Namen
- die Nase (~), die Nasen
  nass (↷)
  natürlich (~)
- der Nebel (~)
  nehmen (M),
  er nimmt (M)
  nennen (~),
  sie nennt (↷)
  neu (~)
  nicht (~)
  nichts (M)
  noch (~)
- der November (M)
- die Nummer (~),
  die Nummern
  nummerieren (~),
  sie nummeriert
  nun (~)
- die Nuss (↷), die Nüsse

O/o

oben (~)
- das Obst (M)
  oder (~)
  offen (~)
  öffnen (↷), er öffnet
  ohne (M)
- das Ohr (M), die Ohren
  okay (M)
- der Oktober (~)
- der Onkel (~), die Onkel
- der Ort (~), die Orte

P/p

- das Paar (M), die Paare
  paar (M)
  packen (~),
  sie packt (↷)
- das Paket (~), die Pakete
- das Papier (~), die Papiere
- der Papierkorb (↷),
  die Papierkörbe
  passen (~), es passt (↷)
- die Pause (~), die Pausen
- das Pferd (↷), die Pferde
- die Pflanze (~),
  die Pflanzen
  pflanzen (~), er pflanzt
- das Pflaster (~), die Pflaster
  pflegen (~),
  er pflegt (↷)
  pflücken (~),
  sie pflückt (↷)
- die Pfütze (~), die Pfützen
- der Pilz (~), die Pilze
- der Pirat (~), die Piraten
- die Pizza (M), die Pizzen

das Plakat, die Plakate

der Plan, die Pläne

  planen, sie plant

die Platte, die Platten

der Platz, die Plätze

  plötzlich

  prasseln,

  der Regen prasselt

der Preis, die Preise

der Prinz, die Prinzen

das Programm,

  die Programme

der Punkt, die Punkte

  pünktlich

die Puppe, die Puppen

  putzen, er putzt

Qu/qu

das Quadrat,

  die Quadrate

die Qual, die Qualen

  quälen, er quält

der Quark

die Quelle, die Quellen

  quer

R/r

das Rad,

  die Räder

der Radiergummi,

  die Radiergummis

das Radio, die Radios

der Rand,

  die Ränder

  raten, sie rät

das Rätsel, die Rätsel

der Raum,

  die Räume

rechnen,

  sie rechnet

rechts

der Regen

  regnen,

  es regnet

das Reh, die Rehe

  reich

die Reihe, die Reihen

der Reim, die Reime

die Reise, die Reisen

  reisen, er reist

  reißen, sie reißt ,

  sie riss

  reiten, er reitet

  rennen, er rennt

  richtig

  riesig

der Ring, die Ringe

  rollen, es rollt

der Roller, die Roller

  rot

der Rücken, die Rücken

  rufen, sie ruft

die Ruhe

  ruhen, er ruht

  rund

S/s

der Saal, die Säle

die Sache, die Sachen

der Sack, die Säcke

  sagen, sie sagt

das Salz, die Salze

sammeln,

  er sammelt

der Samstag,

  die Samstage

der Sand, die Sande

  satt

der Satz, die Sätze

  sauber

  schaffen,

  er schafft

  scharf

  scheinen,

  sie scheint,

  sie schien

  schenken,

  er schenkt

  schicken,

  sie schickt

  schieben,

  er schiebt

  schief

das Schiff, die Schiffe

  schimpfen,

  er schimpft

  schlafen,

  er schläft,

  sie schlief

  schlagen,

  sie schlägt,

  er schlug

  schlecht

  schließen,

  er schließt

  schlimm

  schlüpfen,

  sie schlüpfte

der Schluss (→),
die Schlüsse
schmecken (~),
es schmeckt (→)
der Schmetterling (~),
die Schmetterlinge
schmücken (~),
er schmückt (→)
der Schmutz (→)
schmutzig (→)
der Schnee (M)
schnell (→)
schon (~)
der Schrank (~),
die Schränke (⚡)
schreiben (~),
sie schreibt (→),
er schrieb (→)
schreien (~), er schreit,
sie schrie (~)
der Schuh (→), die Schuhe
die Schule (~),
die Schulen
die Schultasche (~),
die Schultaschen
die Schüssel (~),
die Schüsseln
der Schwamm (→),
die Schwämme (⚡)
schwarz (~)
schwer (~)
die Schwester (~),
die Schwestern
schwierig (→)
das Schwimmbad (→),
die Schwimmbäder (⚡)

schwimmen (~),
er schwimmt (→)
schwitzen (~),
sie schwitzt
sechs (M)
der See (M), die Seen
sehen (~), sie sieht (M),
sie sah (→)
sehr (M)
seit (~)
selbst (M)
senden (~), sie sendet
der September (~)
setzen (~), er setzt (→)
sieben (~), siebte (→)
sie sind (M)
singen (~), er singt
sitzen (~), sie sitzt (→)
sollen (~), er soll (→)
der Sommer (~),
die Sommer
die Sonne (~), die Sonnen
der Sonntag (→),
die Sonntage
spannend (→)
sparen (~), sie spart
der Spaß (M), die Späße (⚡)
spät (M), später
spazieren (~),
er spaziert
der Spaziergang (~),
die Spaziergänge (⚡)
das Spiel (~), die Spiele
spielen (~), er spielt
die Spielsache (~),
die Spielsachen
spitz (→)

der Sport (~)
sprechen (~), er spricht
springen (~), sie springt
spritzen (~),
es spritzt (→)
stachelig (→)
die Stadt (M),
die Städte (⚡)
der Stamm (→),
die Stämme (⚡)
stark (~)
stärker (⚡)
stecken (~),
er steckt (→)
stehen (~),
sie steht (→),
sie stand (→)
der Stein (~), die Steine
die Stelle (~), die Stellen
stellen (~), er stellt (→)
der Stern (~), die Sterne
der Stift (~), die Stifte
still (→)
der Stock (→), die Stöcke
stoßen (M), sie stößt,
sie stieß (M)
strahlen (M), er strahlt
der Strand (→),
die Strände (⚡)
die Straße (M), die Straßen
der Strauch (→),
die Sträucher (⚡)
der Streit (~), die Streite
streiten (~), sie streitet
das Stück (→), die Stücke
der Stuhl (M), die Stühle
die Stunde (~), die Stunden

suchen, sie sucht
- die Suppe, die Suppen
  süß (M)

T/t

- das Tablet (M), die Tablets
- die Tafel, die Tafeln
- der Tag, die Tage
  täglich
- die Tante, die Tanten
  tanzen, sie tanzt
- die Tasche, die Taschen
- die Tasse, die Tassen
  tausend
- der Tee (M)
- der Teig, die Teige
- das Telefon,
  die Telefone
- der Teller, die Teller
- die Temperatur,
  die Temperaturen
- der Text, die Texte
- das Theater (M),
  die Theater
- das Thermometer (M),
  die Thermometer
  tief
- das Tier, die Tiere
- der Tisch, die Tische
- die Torte, die Torten
  tragen, er trägt
- der Trainer (M), die Trainer
- der Traum,
  die Träume
  treffen, er trifft
- die Treppe, die Treppen
- der Trick (M), die Tricks

trinken, sie trinkt
- die Trinkflasche,
  die Trinkflaschen
  trocken
- der Tropfen, die Tropfen
  tropfen, es tropft
  trüb
- die Truhe, die Truhen
- das Tuch, die Tücher
- die Tür, die Türen
  turnen, er turnt
- die Tüte, die Tüten

U/u

üben, sie übt
über
- die Übung,
  die Übungen
- die Uhr (M), die Uhren
  umkehren (M),
  er kehrt um
  umziehen,
  sie zieht um
  und (M)
  ungefähr (M)
  unten
  unter
sich unterhalten,
  sie unterhält sich
  untersuchen,
  sie untersucht
  unterschiedlich
- der Urlaub

V/v

- die Vase (M), die Vasen
- der Vater (M), die Väter
  verbieten (M),
  er verbietet
- das Verbot (M), die Verbote
  verbrauchen (M),
  sie verbraucht
  verfolgen (M),
  er verfolgt
  vergessen (M),
  sie vergisst,
  sie vergaß (M)
- der Verkehr (M)
  verkleiden (M),
  er verkleidet sich
  verletzen,
  er verletzt
  verlieren (M),
  er verliert,
  sie verlor (M)
sich verpuppen (M),
  sie verpuppt sich
  verraten (M),
  sie verrät,
  sie verriet (M)
  vertragen (M),
  sie vertragen sich
  viel (M), viele
  vielleicht (M)
  vier (M)
- die Violine (M),
  die Violinen
- das Vitamin (M),
  die Vitamine
- der Vogel (M), die Vögel
- das Volk (M), die Völker

voll (M)
vom (M)
von (M)
vor (M)
vorsichtig (M) (↪)

W/w

wachsen (M),
es wächst (⚡)
● die Wahl (M), die Wahlen
wählen (⚡), er wählt
wahr (M)
während (M)
● die Wahrheit (M)
● der Wald (↪),
die Wälder (⚡)
● die Wand (↪),
die Wände (⚡)
es war (~)
warm (~)
wärmen (⚡),
sie wärmt
waschen (~),
er wäscht (⚡)
● das Wasser (~)
wecken (~),
sie weckt (↪)
● der Weg (↪), die Wege
wehen (~), er weht (↪)
weich (~)
Weihnachten (M)
weiß (M)
weit (~)
weiter (~)
welche (~)
wenn (M)
werden (~), sie wird (↪)

werfen (~), er wirft
● das Wetter (~)
wichtig (↪)
wie (~)
wieder (~)
wiegen (~),
sie wiegt (↪)
● die Wiese (~), die Wiesen
wild (↪)
● der Wind (↪), die Winde
● der Winter (~), die Winter
wir (M)
wissen (~), er weiß (M),
sie wusste (↪)
● der Witz (↪), die Witze
witzig (↪)
● die Woche (~), die Wochen
wohnen (M), sie wohnt
● die Wohnung (M)
die Wohnungen
● die Wolke (~), die Wolken
wollen (~), sie will (↪)
● das Wort (~), die Wörter
wünschen (~),
er wünscht
● die Wut (~),
er ist wütend (↪)

Z/z

● die Zahl (M), die Zahlen
zählen (~), sie zählt
● der Zahn (M),
die Zähne (⚡)
zeichnen (~),
er zeichnet
zeigen (~), er zeigt (↪)
● die Zeit (~), die Zeiten

ziehen (~), sie zieht,
er zog (↪)
● das Ziel (~), die Ziele
zielen (~), er zielt
● das Zimmer (~), die Zimmer
● der Zoo (M), die Zoos
zuerst (~)
● der Zug (↪), die Züge
● die Zukunft (~)
zukünftig (↪)
zuletzt (M)
zum (~)
zur (~)
zusammen (~)
● der Zwerg (↪), die Zwerge

Wichtige Fachbegriffe

		Seite
Nomen	Nomen bezeichnen Menschen, Tiere, Pflanzen und Dinge. Nomen haben die Artikel der, die, das, ein, eine. Nomen können in der Einzahl und in der Mehrzahl stehen: *der Tisch – die Tische, die Tafel – die Tafeln, das Heft – die Hefte.*	6, 104
Pronomen	Nomen kann man durch Pronomen ersetzen: *Maria – sie, Tim – er, Maria und ich – wir.*	30
Verben	Wörter, die sagen, was jemand tut oder was geschieht, nennt man Verben: *beobachten, messen, regnen.*	12, 106
Grundform und Personalform	Verben haben eine Grundform: ziehen. Verben haben verschiedene Personalformen: *ich ziehe, du ziehst, er/sie/es zieht, wir ziehen, ihr zieht, sie (alle) ziehen.*	13, 106
Gegenwart und Vergangenheit	Verben zeigen an, von welcher Zeit erzählt wird: von der Gegenwart (heute) oder der Vergangenheit (früher). Gegenwart: *Wir spielen.* Vergangenheit: *Wir spielten.*	64, 110
Adjektive	Adjektive beschreiben, wie etwas oder jemand ist. Wenn Adjektive vor Nomen stehen, verändern sie sich: *Der Acker ist leer. – der leere Acker*	18, 114

Vergleichsstufen	Mit Adjektiven kann man vergleichen.	42, 116
	Grundform: *Das Tagpfauenauge ist klein.*	
	1. Vergleichsstufe: *Der Kleine Fuchs ist kleiner.*	
	2. Vergleichsstufe: *Der Bläuling ist am kleinsten.*	
Satzarten	Nach Aussagesätzen steht ein Punkt:	7
	Die Kinder spielen Ball.	
	Nach Fragesätzen steht ein Fragezeichen:	
	Spielst du mit?	
	Nach Aufforderungssätzen steht ein Ausrufe-	
	zeichen: *Gib her!*	
Satzglieder	Ein Satz besteht aus mehreren Satzgliedern.	36, 124
	Ein Satzglied kann ein Wort oder mehrere Wörter	
	haben. Satzglieder kann man vertauschen:	
	Leon und Malte sammeln eifrig Fußballbilder.	
	Eifrig sammeln Leon und Malte Fußballbilder.	
Subjekt und Prädikat	Das Prädikat ist ein Satzglied.	48, 49, 122
	Nach dem Prädikat fragt man mit „*Was tut …?*"	
	Das Prädikat ist immer ein Verb.	
	Was tut Max? Max *rennt.*	
	Was tun Alina und Paul? Alina und Paul *jubeln.*	
	Das Subjekt ist ein Satzglied. Nach dem Subjekt	
	fragt man mit „*Wer oder was …?*"	
	Wer oder was tut etwas? *Mama* liest.	
	Wer oder was tut etwas? *Die Vögel* singen.	
Wörtliche Rede und Redebe-gleitsatz	Was gesprochen wird, heißt wörtliche Rede.	24, 25, 124
	Sie steht in Redezeichen. Der Redebegleitsatz	
	gibt an, wer spricht:	
	Tom sagt: „Wir räumen das Klassenzimmer um."	
	Redebegleitsatz Wörtliche Rede	

Lernzusammenhänge in den Themenkapiteln

Kapitel	Sprechen und zuhören	Lesen – mit Texten und Medien umgehen	Schreiben (Texte verfassen)
Miteinander S. 4–9	Spiel- und Konfliktsituationen beschreiben und im szenischen Spiel erproben; Körpersprache deuten; Sprechbeiträge situationsangemessen planen (4)	Arbeitsanweisungen lesen und verstehen (4–9); genau lesen (5); Verfahren zur Orientierung über einen Text nutzen: Bilder im Text (6); Texte genau lesen: Fließtext in Sätze gliedern (7)	passende Geschichtenanfänge auswählen; einen Geschichtenanfang fortsetzen (5) **Texte verfassen** SB (140), AH (62)
Herbstwind S. 10–15	durch Bilder angeregt über Herbstwetter sprechen, persönliche Wettervorlieben benennen; zu einem Herbsttag malen und schreiben (10)	Arbeitsanweisungen lesen und verstehen (10–15); Gedichtform Rondell kennen lernen (11); genau lesen: passende Verben einsetzen (13)	nach Anregung ein Rondell verfassen und als Schmuckblatt gestalten; ein Schreibziel suchen, ein eigenes Rondell schreiben und vortragen (11) **Texte verfassen** SB (150), AH (72)
Es wächst und grünt S. 16–21	Beobachtungen wiedergeben; Sachverhalte beschreiben; Pflanzen entdecken und benennen; Plakat mit Getreideprodukten erstellen (16)	Arbeitsanweisungen lesen und verstehen (16–21); Texte erschließen: Text mit eigenen Worten wiedergeben (17); genau lesen: passende Adjektive einsetzen (18)	Texte lesen, Verständnisprobleme klären; Stichworte notieren; mit Hilfe von Stichworten zu einem Bild informieren (17) **Texte verfassen** SB (130), AH (52)
Winterkälte S. 22–27	über Weihnachtsbräuche in verschiedenen Ländern sprechen; persönliche Vorlieben erklären und begründen (22)	Arbeitsanweisungen lesen und verstehen (22–27); einen Text lesen und erschließen: gezielt Informationen entnehmen und mit Hilfe von Stichworten den Inhalt wiedergeben (23)	einen Text planen; mit Hilfe von Stichworten eine Zusammenfassung schreiben (23) **Texte verfassen** SB (132), AH (54)
Das bin ich S. 28–33	Anliegen und Konflikte mit anderen gemeinsam diskutieren: Klischees diskutieren und hinterfragen; einen Fragebogen lesen und verstehen; eine Umfrage planen, durchführen und vorstellen (28)	Arbeitsanweisungen lesen und verstehen (28–33); Sach- und Gebrauchstexte kennen: diskontinuierliche Texte (28); Kinderliteratur kennen (29); zu einem Thema im Internet recherchieren (32)	über das Thema Mädchen und Jungen sprechen; Zustimmung und Ablehnung zeigen; Stichpunkte für einen Brief notieren; einen Brief schreiben (29) **Texte verfassen** SB (138), AH (60)
Freizeit S. 34–39	sich über Freizeitaktivitäten austauschen; eigene Meinung äußern und begründen, Gesprächsregeln thematisieren	Arbeitsanweisungen lesen und verstehen (34–39); Verstehenshilfen anwenden: Wörter nachschlagen bzw. erfragen; Informationen in unterschiedlichen Medien suchen (35); genau lesen: Lückentext ergänzen (38)	einen Erlebnisbericht oder einen Fantasietext schreiben (34); Methoden der Informationsbeschaffung erproben: Internet, Bücherei; über unterschiedliche Medien zur Informationsbeschaffung diskutieren (35) **Texte verfassen** SB (128), AH (50)
Tieren auf der Spur S. 40–45	ein Bild beschreiben, gemeinsam überlegen, wie man eine Präsentation vorbereitet; Informationen sammeln; gelernte Sachverhalte zusammenfassen und vortragen (40)	Arbeitsanweisungen lesen und verstehen (40–45); zentrale Textaussagen erfassen: Informationen in einem Text finden und in unterschiedlichen Medien suchen (41); gezielt einzelne Informationen suchen (42); Tierrätsel lesen, genau lesen: passende Adjektive einsetzen (44)	in einem Text Informationen finden und aufschreiben; Oberbegriffe formulieren und mit Hilfe unterschiedlicher Medien und Experten beantworten (41) **Texte verfassen** SB (134), AH (56)

Sprache und Sprachgebrauch untersuchen	Schreiben (Richtig schreiben)
Kennzeichen von Nomen wiederholen: Großschreibung, Artikel, Einzahl, Mehrzahl; Umlaut bei ausgewählten Mehrzahlformen (6); kommunikative Absicht erkennen und Äußerungen entsprechend betonen; Satzarten/Satzschlusszeichen wiederholen; Satzgrenzen erkennen; Großschreibung am Satzanfang anwenden (7) **Sprache untersuchen** SB (104), AH (26)	nach dem 1.–4. Buchstaben ordnen; in der Wörterliste nachschlagen **Arbeitstechniken** SB (82), AH (4)
Kennzeichen von Verben wiederholen; Verben nach semantischen Kriterien ordnen; in zusammengesetzten Nomen versteckte Verben entdecken (12); Grundform und Personalformen kennen lernen; Verben in allen Personalformen aufschreiben; Personalformen würfeln (13) **Sprache untersuchen** SB (106), AH (28)	Rechtschreibhilfe Wortverlängerung kennen lernen; auf Wörter aus dem Übungswortschatz anwenden (14) **Richtig schreiben** SB (92), AH (14)
Kennzeichen von Adjektiven wiederholen; Adjektive in Texten verwenden; zusammengesetzte Adjektive erklären (18); Brot und Gebäck als Grundnahrungsmittel thematisieren; Adjektive mit den Wortbausteinen -ig und -lich kennen lernen und selber bilden (19) **Sprache untersuchen SB** (114), AH (36)	Rechtschreibhilfe Wortverlängerung bei Adjektiven kennen lernen; auf Wörter aus dem Übungswortschatz anwenden (20) **Richtig schreiben** SB (94), AH (16)
wörtliche Rede und ihre Zeichensetzung kennen lernen; Szenen aufschreiben (24); Redebegleitsätze kennen lernen; Redebegleitsätze wörtlicher Rede sinnentsprechend zuordnen; Zeichensetzung bei wörtlicher Rede korrekt anwenden; Wörter aus dem Wortfeld sagen sammeln (25) **Sprache untersuchen** SB (124), AH (46)	Informationen aus verschiedenen Texten entnehmen: aus Sachtext, aus historischem Text; Wörter mit Dehnungs-h üben; Wortfamilien zusammenstellen (26) **Richtig schreiben** SB (100), AH (22)
Pronomen als Ersatz für Nomen kennen lernen; Umgang mit Pronomen in verschiedenen Texten anwenden (Personenbeschreibung, Rätselröllchen) (30); Wortstamm erkennen und unterstreichen; passende Endungen für Verben auswählen; passende Wortstämme auswählen, Wortfamilien erstellen (31) **Sprache untersuchen** SB (108), AH (30)	schwierige Wörter mit Mitlauthäufungen üben; zusammengesetzte Nomen mit sch-Lauten bilden; Wörter mit Pf/pf üben; **Richtig schreiben** SB (90), AH (12)
Satzglieder aneinanderreihen; verwürfelte Satzglieder zu Sätzen ordnen; mit dem Satzfächer üben: Satzglieder umstellen (36); Satzglieder eines Satzes mehrfach umstellen; Satzglieder zu Fragesätzen umordnen (37) **Sprache untersuchen** SB (120), AH (42)	Wörter mit doppelten Mitlauten zusammensetzen und in Lückentext einsetzen; Personalformen mit doppeltem Mitlaut bilden (38) **Richtig schreiben** SB (84), AH (6)
Texten über Schmetterlinge Informationen entnehmen; Funktion und Bildung von Vergleichsstufen kennen lernen (42); Rechtschreibhilfe 1. Vergleichsstufe kennen lernen; Adjektive mit dem korrekten Auslaut schreiben; Vergleiche zwischen Tieren vornehmen (43) **Sprache untersuchen** SB (116), AH (38)	Tierrätsel lösen; zu Verben mit nk und ng die Grundform finden; Wörter mit nk und ng in Lückentext einsetzen (44) **Richtig schreiben** SB (88), AH (10)

Kapitel	Sprechen und zuhören	Lesen – mit Texten und Medien umgehen	Schreiben (Texte verfassen)
Frühlingsduft S. 46–51	ein Bild betrachten; Beobachtungen wiedergeben; Sachverhalte beschreiben; Bauernregeln kennen lernen und erklären; zu einem Thema Informationen sammeln (46)	Arbeitsanweisungen lesen und verstehen (46–51); Texte erschließen (47)	Informationen aus einem Text entnehmen; Stichworte notieren; Steckbriefe verfassen; sich über Texte nach Schreibkriterien beraten (47) **Texte verfassen** SB (136), AH (58)
Bühne frei S. 52–55	ein Bild beschreiben; sich über unterschiedliche Theaterformen austauschen (52); sich in eine Spielfigur hineinversetzen; verschiedene Ausdrucksmöglichkeiten erproben; Sprechübungen und Zungenbrecher (54); sich in eine Figur hineinversetzen und eine Szene sinngestaltend vortragen (55)	nach einer Bastelanleitung eine Sockenpuppe herstellen (53)	sich eine Szene ausdenken und aufschreiben; einen Dialog aufschreiben (52)
Medien S. 56–61	ein Bild beschreiben und unterschiedliche Medien benennen; argumentieren: zu Vor- und Nachteilen von Medien eine eigene Meinung äußern und begründen; Informationen sammeln und vortragen; eine Umfrage durchführen (56); über Missverständnisse sprechen (57); eine Homepage kennen lernen (58)	Arbeitsanweisungen lesen und verstehen (56–61); Texte genau lesen: Absätze sinnvoll ordnen (57)	Einleitung, Hauptteil und Schluss einer Geschichte kennen lernen und umsetzen; über Verständigungsprobleme und Missverständnisse sprechen (57) **Texte verfassen** SB (144), AH (66)
Zeit vergeht S. 62–67	aus dem eigenen Leben erzählen; zu Fotos oder Bildern von Lebensstationen erzählen; Erzählungen aus dem eigenen Leben vorbereiten (62)	Arbeitsanweisungen lesen und verstehen (62–67); Sach- und Gebrauchstexte kennen: Spielanleitung (64)	einen Text überarbeiten: Satzanfänge, Satzgliedstellung; Text über das eigene Leben schreiben; unterschiedliche Textentwürfe besprechen (63) **Texte verfassen** SB (148), AH (70)
Sommerhitze S. 68–73	funktionsangemessen sprechen: Geschichten zu Bildern erzählen; über eigene Gefühle sprechen; eine Collage gestalten (68)	Arbeitsanweisungen lesen und verstehen (68–73)	Gedankensammlung als Anregung für eine Geschichte benutzen; Text zu einer Gedankensammlung schreiben; eine Gedankensammlung anlegen (69) **Texte verfassen** SB (142), AH (64)
Ich liebe Bücher S. 74–77	die unterschiedliche Wirkung verschiedener Medien vergleichen und Medien begründet auswählen; das eigene Leseverhalten reflektieren; ein Buch vorstellen (74)	Arbeitsanweisungen lesen und verstehen (74–77); unterschiedliche Textsorten kennen und unterscheiden; die eigene Leseerfahrung beschreiben (74); sich in einer Bücherei orientieren (77)	die Wirkung wörtlicher Rede in Texten erfahren; einen Text mit wörtlicher Rede verfassen (75) **Texte verfassen** SB (146), AH (68)

① Finde die Verben und schreibe sie untereinander in die Tabelle.
Finde zu jedem Verb die Wörter mit gleichem Wortstamm und
schreibe sie neben das Verb in die Tabelle. Male das stumme h an.

Gefühl	Lehrer	Anzahl	Fühler
Wohnung	belehren	bezahlen	fühlen
Zahl	wohnen	Lehrling	Bewohner

Verben		

② Schreibe die Nomen mit ihrem Artikel auf.

    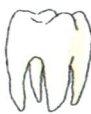

③ Setze die passenden Wörter ein: ihrer ihrem ihre ihr

Paula fährt mit _____ Fahrrad zu _____ Oma.

Sie möchte _____ Oma überraschen und

bringt _____ selbstgebackene Muffins mit.

Diese Seite fand ich ⚪ leicht ⚪ mittel ⚪ schwer

Wörter mit doppeltem Mitlaut

Datum:

1 Welche Silben gehören zusammen? Male sie in der gleichen Farbe an.

schwim	kön	fal	klet	brül	bel	ren	pras

len	men	nen	len	nen	tern	seln	len

2 Schreibe die Wörter aus Aufgabe 1 auf. Male Silbenbögen darunter.

3 Schreibe die Nomen mit ihrem Artikel auf. Male die doppelten Mitlaute an.

4   Diese Seite fand ich   ○ leicht   ○ mittel   ○ schwer

 **Wörter mit ä und äu**

Datum:

---

(1) Schreibe die Nomen zu den Bildern in der Einzahl und der Mehrzahl auf.

  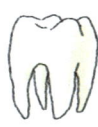  

_____

_____

_____

(2) Finde verwandte Wörter mit a oder au. Schreibe die Wortpaare auf.

ängstlich   Gebäude   säubern   länglich   Läufer

_____

_____

_____

(3) Setze die passenden Verben in der richtigen Personalform ein.

fahren   halten   braten   gefallen   tragen   schlagen

Auf dem Schulfest _____ die Schulleiterin eine Rede.

Der Hausmeister _____ eine Kochmütze und _____

Gemüseburger. Anna _____ alle anderen im Wettnageln.

Beim Rollerrennen _____ Leon die schnellste Zeit.

Allen _____ es gut.

Diese Seite fand ich   O leicht   O mittel   O schwer

(1) Kreise alle 10 Wörter mit langem i-Laut ein.

M	A	S	C	H	I	N	E	Q	L	S
E	N	I	L	P	F	E	R	D	I	I
D	V	I	T	A	M	I	N	E	T	R
I	M	U	S	I	K	Y	B	O	E	U
Z	I	T	R	O	N	E	W	J	R	P
I	T	I	G	E	R	Ä	K	I	N	O
N	X	K	A	N	I	N	C	H	E	N

Suche waagerecht und senkrecht.

(2) Schreibe die Wörter aus Aufgabe 1 auf. Male den langen i-Laut an.

(3) Setze die passenden Wörter ein. Male den langen i-Laut an: dir   mir   wir

Kommst du heute Nachmittag zu [   ] ?

Dann können [   ] meinen neuen Zeichentrickfilm

anschauen. Der gefällt [   ] bestimmt.

6   Diese Seite fand ich   ○ leicht   ○ mittel   ○ schwer

Wörter mit ck und tz

Datum:

1 Finde die Reimwörter und schreibe sie auf.

Glocke	Spritze	backen	schmatzen
Fl	H	p	pl
L	R	kn	kr
S	W	h	schw

2 Trage die Wörter in das Rätsel ein.

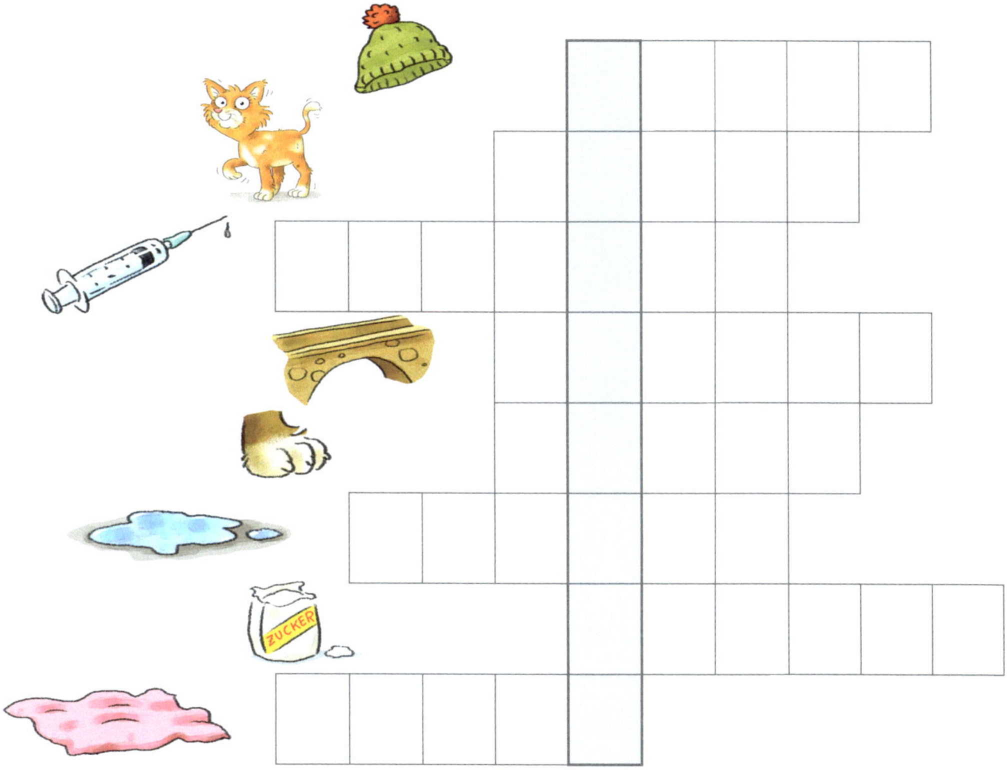

Das Lösungswort lautet:

Diese Seite fand ich   O leicht   O mittel   O schwer

1 Finde in den Sätzen die Nomen und unterstreiche sie.
Schreibe die Nomen mit ihrem bestimmten Artikel
in der Einzahl und der Mehrzahl auf.

Der Junge schreibt mit seinem Bleistift.

Ein Kind sucht sein Heft.   Auf dem Tisch liegt das Buch.

Das Mädchen putzt die Tafel.   Die Lehrerin kommt.

Der neue Turnbeutel hängt an dem Haken.

2 In dieser Reihe sind drei Wörter keine Nomen.
Schreibe nur die Nomen mit ihrem unbestimmten Artikel auf.

WIESE   BLUME   KLEIN   KÄFER   ZIEHEN   WOLKE   BLATT   WARM

Diese Seite fand ich   O leicht   O mittel   O schwer

1 Bilde Adjektive mit -ig und -lich. Schreibe sie auf.

Fleiß   Gift   Feind   Kraft   Sonne   Salz   Schmutz   Durst

Schatten   Angst   Dreck   Blut   Mut   Vorsicht   Freund   Glück

_____

_____

_____

_____

_____

_____

2 Finde zu den fünf Adjektiven passende Nomen.
Dabei soll das Adjektiv vor dem Nomen stehen.

appetitlich   fröhlich   neblig

fürchterlich   kuschelig

faulig:
ein fauliger
Apfel

_____

_____

_____

_____

_____

Wörtliche Rede, Redebegleitsatz

Datum:

1 Schreibe das Gespräch mit passenden Redebegleitsätzen auf.
Denke an Doppelpunkte und Redezeichen.

Hier ist Max Aue.

Hallo Max, hier ist Lisa.

Hallo Lisa.

Hast du Lust, rodeln zu gehen?

Ich muss leider noch Mathe machen.

Ach komm, es ist toller Schnee.

Na gut, ich beeile mich.

Super! Tschüss Max.

fragt
meldet sich
begrüßt
sagt
verabschiedet sich
antwortet
bittet
verspricht

_____

_____

_____

_____

_____

_____

_____

_____

_____

Diese Seite fand ich   ○ leicht   ○ mittel   ○ schwer

1 Schreibe die Personalformen der Verben auf.

	schreiben	lachen	trinken
ich			
du			
er, sie, es			
wir			
ihr			
sie			

2 Setze die Verben in der richtigen Personalform ein.

haben   kommen   backen   geben   können

liegen   fahren   bleiben   bringen   freuen

Ich _____ heute Geburtstag.

Nachmittags _____ viele Gäste.

Mama _____ für alle Waffeln.

Dazu _____ es Eis und Sahne.

Nur meine beste Freundin _____ leider nicht dabei sein.

Sie _____ seit zwei Tagen mit Fieber im Bett.

Oma und Opa _____ mit dem Zug zu uns. Sie _____

auch über Nacht hier. Hoffentlich _____ sie wieder so

ein schönes Geschenk mit. Ich _____ mich schon riesig!

Diese Seite fand ich ○ leicht ○ mittel ○ schwer

11

1 Stelle jeden Satz einmal um.
Unterstreiche die Satzglieder mit verschiedenen Farben.

Auf der Wiese steht ein Storch.

_____

Drei Hasen hoppeln im Gras.

_____

In der Ferne bellt ein Hund.

_____

2 Stelle den Satz dreimal um.
Einmal soll ein Fragesatz entstehen.
Unterstreiche die Satzglieder unterschiedlich.

Die kleinen Ameisen arbeiten fleißig an ihrem Bau.

_____

_____

_____

_____

_____

_____

Diese Seite fand ich ○ leicht ○ mittel ○ schwer

1 Schreibe die Adjektive in der Grundform und in der 1. und 2. Vergleichsstufe auf.

warm   schwer   lustig   lang   alt

2 Schreibe Sätze zu den Bildern. Benutze dabei das Adjektiv **dick** in der Grundstufe und in der 1. und 2. Vergleichsstufe.

1 Bilde zusammengesetzte Nomen. Verbinde die passenden Nomen.

Kaffee   Fuß   Fahrrad   Brief   Baum   Kuchen

Klingel   Umschlag   Ball   Tasse   Teig   Stamm

2 Schreibe alle zusammengesetzten Nomen auf. Denke an die Artikel.

_____

_____

_____

3 Welche Wortbausteine passen zum Verb schlafen?
Schreibe die neuen Verben auf. Schreibe Sätze damit.

zer • ein • aus • ab • ver + schlafen

_____

_____

_____

_____

_____

_____

_____

Diese Seite fand ich   O leicht   O mittel   O schwer

Wortfamilien

Datum:

1 In jeder Reihe gehört ein Wort nicht zur Wortfamilie. Streiche es durch.

fahren • Farben • Hinfahrt • verfahren

Gelächter • auslachen • mitmachen • lächeln

Turnstange • Turner • Turmuhr • vorturnen

Schlafwagen • Schlagzeug • schlafen • schläfrig

2 Schreibe die Reihen ohne das Kuckucksei ab. Unterstreiche in jedem Wort den Wortstamm.

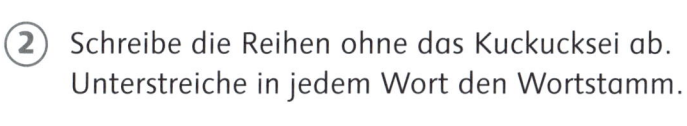

3 Finde zu jedem Wortstamm mindestens drei Wörter. Schreibe sie auf.

Zahl/zahl   Wohn/wohn   Freund/freund

Diese Seite fand ich   ○ leicht   ○ mittel   ○ schwer   15

1 Lies den Hauptteil der Geschichte.

Gleich wird es klingeln. Die Freundinnen
sind sehr gespannt: Wer wird wohl ihre neue
Klassenlehrerin werden?
„Hoffentlich bekommen wir Frau Huber.
Die ist nett", meint Hanna.
In diesem Moment kommt Frau Huber
über den Schulhof.
„Frau Huber, Frau Huber!", ruft Lisa. „Werden Sie
unsere neue Klassenlehrerin in der 3b?"
„Nein, leider nicht", lacht Frau Huber.
„Aber ihr werdet euch noch wundern!"

2 Schreibe zu dem Hauptteil eine Einleitung.

Wer?   Lisa und Hanna aus der 3b
Wo?   auf dem Schulhof
Wann?   am ersten Schultag nach den Ferien, vor der ersten Stunde

Diese Seite fand ich ○ leicht ○ mittel ○ schwer

① Du kennst den Bauplan für ein Rondell.
Baue aus diesen Zeilen ein Rondell.
Wähle zuerst die Zeilen aus, die sich wiederholen.

Regen wird bald fallen.

Es wird Herbst.

Pferde toben auf der Weide.

Die Luft ist kühl und feucht.

Wind treibt Wolken über den Himmel.

1
2
3
4
5
6
7
8

1 _____

2 _____

3 _____

4 _____

5 _____

6 _____

7 _____

8 _____

Diese Seite fand ich   ◯ leicht   ◯ mittel   ◯ schwer   **17**

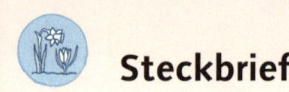
1 Trage die Informationen an den richtigen Stellen in den Steckbrief ein.

2 bis 5 Jahre • Eichhörnchen • Wälder, Parks, Gärten
rotbraunes Fell, buschiger Schwanz • 20 bis 25 cm
Greifvögel, Marder, Katzen • ist ein Kletterkünstler
Allesfresser, z. B. Nüsse, Samen, Insekten, Vogeleier

Name:

Größe:

Aussehen:

Alter:

Lebensraum:

Nahrung:

Feinde:

Besonderheit:

(1) Schreibe den Text ab.
Ersetze dann durch andere Satzanfänge.
Stelle alle Sätze um, die mit ich beginnen.

Ich war am Sonntag mit meinen Eltern im Zoo.
Ich wollte als erstes zu den Elefanten.
Dann gingen wir in das Affenhaus.
Dann habe ich ein Affenbaby gesehen.
Ich wollte auch die Robbenfütterung anschauen.
Dann haben die Robben Kunststücke gemacht.
Ich wurde dabei ganz nass gespritzt.

Diese Seite fand ich ○ leicht ○ mittel ○ schwer

Vorlage zum Führen individueller Kompetenzgespräche

Hier schreibst du zusammen mit deiner Lehrerin auf, was du schon alles kannst.

Richtig schreiben		Datum	Anmerkungen
Ich kenne das ABC und kann auch Wörter mit gleichen Anfangs-buchstaben nach dem ABC ordnen.	◯		
Ich kann Silben schwingen, Wörter in Silben gliedern und Wörter aus Silben zusammensetzen.	◯		
Ich schreibe am Satzanfang groß.	◯		
Ich schreibe Nomen groß.	◯		
Ich erkenne Wörter mit doppelten Mitlauten und schreibe sie richtig.	◯		
Ich schreibe Wörter mit ck richtig.	◯		
Ich schreibe Wörter mit tz richtig.	◯		
Ich schreibe Wörter mit ng und nk richtig.	◯		
Ich schreibe Wörter mit vielen Mitlauten nebeneinander richtig.	◯		
Ich kann Wörter verlängern und heraus-finden, ob sie mit d, b oder g geschrie-ben werden, auch in der Wortmitte.	◯		
Ich kann Wörter ableiten und heraus-finden, ob sie mit ä oder äu geschrieben werden.	◯		
Ich kenne Merkwörter mit langem i-Laut.	◯		
Ich kenne Merkwörter mit h.	◯		
Ich kenne Merkwörter aus anderen Sprachen.	◯		

Sprache untersuchen		Datum	Anmerkungen
Ich erkenne Nomen und weiß, dass Nomen großgeschrieben werden.	○		
Ich weiß, dass Nomen Artikel haben und kenne die bestimmten und die unbestimmten Artikel.	○		
Ich weiß, dass es Nomen in der Einzahl und der Mehrzahl gibt.	○		
Ich kann zusammengesetzte Nomen bilden und zerlegen (Nomen + Nomen, Nomen + Verb).	○		
Ich kenne Verben in der Grundform und in den Personalformen.	○		
Ich kenne Verben in der Gegenwart und in der Vergangenheit.	○		
Ich kann Verben mit passenden Vorsilben/Wortbausteinen verändern.	○		
Ich kenne Adjektive in der Grundform und in der 1. und 2. Vergleichsstufe.	○		
Ich erkenne den Wortstamm von Wörtern und kann Wortfamilien bilden.	○		
Ich erkenne Satzglieder und kann Sätze umstellen.	○		
Ich kann nach dem Prädikat im Satz fragen und erkenne das Prädikat.	○		
Ich kann nach dem Subjekt im Satz fragen und erkenne das Subjekt.	○		
Ich kann lange und kurze Selbstlaute unterscheiden.	○		
Ich kenne die wörtliche Rede in Texten und kann die Redezeichen richtig setzen.	○		
Ich kann die Satzarten unterscheiden und setze die passenden Satzschluss-zeichen: Punkt, Fragezeichen, Ausrufezeichen.	○		

Texte verfassen

Texte verfassen		Datum	Anmerkungen
Ich kann eigene Texte schreiben, z. B. etwas über mich, über Erlebnisse oder Wünsche.	◯		
Ich kann etwas für andere schreiben, z. B. einen Brief.	◯		
Ich kann eine Wörtersammlung anlegen und eine Geschichte damit schreiben.	◯		
Ich kenne den Aufbau von Geschichten: Einleitung, Hauptteil, Schluss.	◯		
Ich verwende wörtliche Rede in meinen Texten.	◯		
Ich kann zu Bildern oder anderen Anregungen schreiben.	◯		
Ich kann Gedichte schreiben, z. B. ein Rondell oder ein Parallelgedicht.	◯		
Ich kann mit Hilfe von Stichwörtern einen Text zusammenfassen.	◯		
Ich kann in Texten Informationen finden und zusammentragen.	◯		
Ich kann Oberbegriffe bilden und dazu in verschiedenen Medien Informationen sammeln.	◯		
Ich kann Sachtexte oder Lernergebnisse verständlich und strukturiert aufschreiben, z. B. Steckbriefe.	◯		
Ich kann ein Plakat gestalten.	◯		
Ich kann meine Texte überarbeiten.	◯		
Ich kann Texte vortragen und achte dabei auf die Betonung, Pausen, Lautstärke.	◯		
Ich kann ein Buch auswählen und anderen vorstellen.	◯		

Jo-Jo

Sprachbuch 3

Erarbeitet von	Frido Brunold, Susanne Mansour, Sandra Meeh, Henriette Naumann-Harms, Rita Stanzel, Monika Praast, Martin Wörner
Fachliche Beratung zur Silbenstrategie	Günter J. Renk
Unter Beratung von	Stephanie Aschenbrandt (Berlin), Katharina Böer (Wedemark), Alexandra Mangold (Breisach), Katharina Mowitz (Detmold), Nina Tholen (Oldenburg), Monika Reiff (Kusterdingen), Angela Witt (Hamburg)
Redaktion	Gabriela Korup, Elisabeth Wagner
Illustrationen	Gabriela Silvera, Vera Schmidt, Imke Sönnichsen, Cleo-Petra Kurze (S. 107)
Umschlagillustration	Barbara Jung
Gesamtgestaltung und technische Umsetzung	Heike Börner

www.cornelsen.de

Die Webseiten Dritter, deren Internetadressen in diesem Lehrwerk angegeben sind, wurden vor Drucklegung sorgfältig geprüft. Der Verlag übernimmt keine Gewähr für die Aktualität und den Inhalt dieser Seiten oder solcher, die mit ihnen verlinkt sind.

1. Auflage, 9. Druck 2024

Alle Drucke dieser Auflage sind inhaltlich unverändert und können im Unterricht nebeneinander verwendet werden.

© 2017 Cornelsen Verlag GmbH, Berlin

Druck: Mohn Media Mohndruck, Gütersloh

ISBN 978-3-06-083626-0 (Schülerbuch)
ISBN 978-3-06-080899-1 (E-Book)

PEFC-zertifiziert
Dieses Produkt stammt aus nachhaltig bewirtschafteten Wäldern und kontrollierten Quellen
PEFC/04-31-1033   www.pefc.de

Sprache und Sprachgebrauch untersuchen	Schreiben (Richtig schreiben)
Fachbegriff „Prädikat" kennen lernen; mit Hilfe von Fragen das Prädikat in Sätzen identifizieren; Prädikate in Lückentext einsetzen (48); Fachbegriff „Subjekt" kennen lernen; mit Hilfe von Fragen das Subjekt in Sätzen identifizieren; mit Satzgliedern sinnvolle Sätze bilden (49) **Sprache untersuchen** SB (122), AH (44)	Ableitungswörter mit ä und äu im Text finden; Verben in die Personalform mit ä und äu setzen; passende Adjektive zu Wörtern mit ä finden (50) **Richtig schreiben** SB (96), AH (18)
zusammengesetzte Nomen aus zwei und drei Wörtern finden, trennen und selber bilden; zusammengesetzte Nomen mit Verben erkennen; (58); Verben mit Wortbausteinen in einem Text finden; Veränderung der Wortbedeutung durch Wortbausteine erfahren; Verben mit Wortbausteinen bilden und im Satzzusammenhang verwenden (59) **Sprache untersuchen** SB (112), AH (34)	über Fremdwörter und Fachbegriffe aus dem Medienbereich sprechen; gezielt Rückfragen stellen; Bedeutung häufig gebrauchter Fremdwörter kennen (60) **Richtig schreiben** SB (102), AH (24)
mit Hilfe von Text und Bild ein Spiel von früher erklären; Zeitformen des Verbs kennen lernen; Spielregeln aufschreiben (64); Silbentrennung als Mittel der Zeilenausnutzung kennen lernen; Wörter nach Silben getrennt und Text mit Silbentrennung am Zeilenende aufschreiben (65) **Sprache untersuchen** SB (110), AH (32)	Merkwörter mit langem i-Laut in Sinnzusammenhängen üben und einprägen (66) **Richtig schreiben** SB (98), AH (20)
Merkwörter mit Doppelvokalen; Stichworte nach eigenen Vorlieben zuordnen; eigene Vorlieben ergänzen; eigene Vorlieben begründen (70); Wörter einer Wortfamilie unterstreichen; Wörter nach Wortfamilien ordnen; Wörter einer Wortfamilie bilden (71) **Sprache untersuchen** SB (118), AH (40)	Wörter mit tz und ck mündlich in Text einsetzen; Wörter mit ck und tz ordnen und als Reimwörter schreiben; Silbensprechen als Schreibhilfe anwenden (72) **Richtig schreiben** SB (86), AH (8)
das Teekesselchenspiel kennen lernen; Fachbegriffe zum Thema Buch kennen lernen und richtig verwenden (76); sich in einer Bücherei orientieren; unterschiedliche Textkategorien erkennen und zuordnen (77) **Sprache untersuchen** SB (126), AH (48)	